담다
그리고
닮아 가다

담다
그리고
닮아 가다

김부림 지음

 ## 추천의 글

　우리 교회에서 함께 동역하는 김부림 목사님이 일상과 믿음, 그리고 가족에 관한 소중한 글을 모아 한권의 책으로 만들었습니다. 책을 내기 위해 글을 썼다기보다는 목사님의 삶 속에서 경험한 일화와 다양한 책들을 읽으면서, 영혼에 양식이 되는 좋은 내용을 메모해 두었다가, 그것을 좀 더 깊이 있게 묵상하여 한 권의 귀한 책을 탄생시켰습니다.

　거의 2년 가까이 코로나 팬데믹을 겪으면서, 우리는 많은 변화를 경험하고 있습니다. 코로나 이전과 이후는 전혀 다른 형태의 삶을 살아갈 수밖에 없는 것 같습니다. 하지만, 아무리 세상이 변하고 환경이 달라져도, 우리 삶의 기본이 탄탄하고, 영적인 기초가 바로 세워져 있으면, 오히려 그 변화를 즐기며, 도약의 기회로 삼고 살아갈 수 있을 것입니다.

　그런 면에서 이 책은 독자들에게 상당한 도움이 되리라고 생각합니다. 일상의 삶에서 발견하는 잔잔한 감동과 은혜, 복음에 나타난 하나님의 사랑과 능력에 대한 믿음, 그리고 우리의 삶을 따뜻하고 행복하게 지탱해주는 가족에 관한 목사님의 글을 읽어나가면, 어느새 우리 마음이 따뜻해지고, 영혼이 풍성해짐을 누리게 될 것입니다.
　아직 하나님을 알지 못하신 분들, 하나님을 믿지만 영적인 침체나 회의를 경험하고 있는 분들에게도, 매우 유익한 책이 될 것입니다.

　'담다 그리고 닮아가다.'라는 책의 제목처럼, 하나님의 말씀을 마음에 풍성히 담아서, 예수님 닮은 제자로, 이 세상을 넉넉히 승리하며 살아가시길 축복하며, 이 책을 기쁘게 추천합니다.

　네 짐을 여호와께 맡기라 그가 너를 붙드시고 의인의 요동함을 영원히 허락하지 아니하시리로다 (시편 55편 22절)

늘푸른교회 담임목사 박규용

 ## 프롤로그

 잘 부르는 노래는 칭찬의 댓글이 달리지만 마음을 울리는 명곡은 사연의 댓글이 달린다고 합니다. 글도 마찬가지라는 생각이 듭니다. 글을 특출하게 잘 쓰는 사람을 보면 감탄이 나오지만 어떤 글들은 읽다 보면 덮어두었던 지난날의 사연들이 떠오르고 위로가 됩니다. 이게 감탄이 아닌 감동을 주는 글의 힘이 아닐까 싶습니다.

 저는 글을 쓰는 특별한 재능이 있어 사람들의 칭찬과 감탄을 자아내는 글을 쓰는 사람은 아닙니다. 그러나 하나님께서 저를 특별하게 인도하신 일들을 누군가에게 꼭 들려주고 싶었고 책이라는 매개를 통해서 전할 수 있게 인도하셨습니다. 하나님께서는 우산이 준비되지 않은 제 인생에 갑자기 쏟아지는 소나기를 맞게 하셨고, 이른 겨울바람을 얇은 외투 한벌로 견디게 하시기도 했습니다.

 힘들고 아픈 상황을 바라보며 불평하고 원망하는 삶은 주어진 삶을 흘려보내는 것에 불과합니다. 그러나 주어진 삶의 순간마다 주시는 하나님의 음성에 귀 기울이는 것이 삶을 아름답게 채워가는 것임을 깨닫게 하셨고 하나님의 말씀으로 채워진 믿음의 고백들이 누군가에게는 작은 위로의 메시지가 되길 바라는 마음으로 글을 써 내려갔습니다. 훗날 무심코 책장을 넘겼을 때 하나님 말씀이 여러분의 마음을 만지시는 따뜻한 주님의 손길로 느끼실 수 있기를 간절히 바랍니다.

 부족한 글이 출간되기까지 기도와 격려를 아끼지 않으신 늘푸른교회 박규용 목사님과 장로님을 비롯한 모든 성도님들. 근심과 걱정을 잊게 해주는 따뜻한 그림으로 섬겨주신 권사님. 디자인, 편집 등 많은 과정을 함께 해 주신 집사님들 그리고 사랑하는 가족에게 감사의 말씀을 전합니다.

2021년 겨울의 문턱에
김부림

Contents

PART 1 일상

대장장이의 마음 12
투광 조명등 14
믿음의 여정 16
진짜가 되는 길 19
세상 속 그리스도인 21
부르심의 은혜 24
목표와 목적 27
십자가의 사랑 경험하기 30
꽃보다 열매 33
하나님의 페이지터너 36
믿음의 눈으로 바라보기 37
진정한 자유 40
기다림의 영성 42
신뢰의 시 44
최고로 멋진 날 46
단순하게 살기 48
고물과 보물 50
총보다 강한 실 53

행복의 전염성 55

30초 규칙 58

주님이 드러나는 삶 60

주님 안에 거하는 삶 62

반음내림과 반음올림 65

믿음의 시련을 통하여 얻는 것 67

모순(矛盾) 69

장애와 하나님의 역사 72

삶의 열매 75

배우고 가르치는 것 77

인생의 참맛 80

고통스런 관계에서 떠나기 83

확신의 이유 86

안개를 몰아내는 빛 88

와비사비의 삶 91

마음을 잡는 삶 93

보배를 담은 질그릇 95

삶의 의미 98

하나님 앞에서 100

흥부의 부흥 102

가치 있는 인생 104

영의 언어 107

명령과 약속 109

좋은 땅에 떨어진다는 것 111

PART 2 코로나의 상황에서

믿음을 어떻게 알 수 있는가? 116

세상의 소금으로 산다는 것 119

하나님의 카이로스 121

불효자는 옵니다 123

생각해보면(Think) 감사하게 됩니다(Thank) 125

영원히 목마르지 않는 물 128

음악의 힘 131

평범한 날 134

안내직원 137

견실한 믿음 140

빨간 신호등 142

성경 설계도 144

PART 3 가족

담다 그리고 닮아가다 148

놀라운 하나님의 사랑 152

시험을 감당 할 수 있는 이유 156

삶의 목적과 하나님을 향한 신뢰 158

나보다 높은 바위에 인도하소서 161

그만 섬기고 그만 섬기라 164

마음의 표현의 중요성 167

첫사랑 170

내어드림 172

아버지의 뒷모습 174

영혼의 건강 177

빠이빠이의 의미 180

걱정 버리기 183

주는 기쁨 187

파이팅 아멘! 189

PART **1**

일상

대장장이의 마음

도가니는 은을 풀무는 금을 연단하거니와 여호와는 마음을 연단하시느니라
(잠언 17장 3절)

 하나님의 자녀는 누구나 연단을 받습니다. 쇳덩이를 그대로 쓸 수 없는 것처럼 우리의 모습을 그대로 쓸 수 없기에 하나님이 원하시는 백성을 만들기 위하여 연단하십니다. 경중의 차이는 있지만 누구나 연단하여 사용하시고 그 방법은 질병이나 어려운 상황, 자녀나 가족과 같은 사람을 도구로 하여 연단하십니다. 연단을 좋아하는 사람은 없을 뿐더러 연단을 받게 되면 하나님이 나를 버리신 건 아닌지 나를 사랑하지 않으시는 것은 아닌지 의심이 들 때도 있습니다.

 연단 받는 쇳덩이의 아픔과 고통만을 생각하면 이해되지 않는 상황이지만, 목적과 의도를 가지고 자기 백성을 연단하시는 대장장이 되신 하나님의 마음을 가늠해 보니 위로가 되었습니다.

 대장장이는 무거운 철가면을 쓰고 땀을 뻘뻘 흘리며 쇳덩이를 모루 위에 올려놓고 있는 힘껏 때려서 연단을 합니다. 하나님도 믿음 없는 백성에게 믿음을 주시고 거룩한 백성으로 만드시

기 위해 '함께 울고 웃으며 연단하시는구나'라는 생각에 큰 위로가 되었습니다.

 대장장이가 쇠가 미워서 달구고 때리는 것이 아니듯 하나님은 목적과 기대하는 소원을 가지고 연단하십니다. 결국 내 힘으로 할 수 있는 것은 없다는 고백 눈에 보이는 좋은 것을 따라가는 삶이 아니라, 하나님만을 바라보게 하시어 결국에는 하나님으로 만족하는 삶을 살게 하기 위하여 연단하시는 것입니다. 그리고 이것은 자포자기의 인생이 아니라 순금이 되며(욥 23:10) 주님 앞에 섰을 때 칭찬과 영광과 존귀를 얻게 되며(벧전 1:7) 마침내 복을 주시는(신 8:16) 과정 입니다.

삶의 여정 가운데 어려움을 만날 때마다 내 삶을 불꽃같은 눈동자로 지키시고 인도하시는 하나님의 마음을 알게 하시고 나의 앞길을 주님 뜻대로 인도해 주옵소서.

투광 조명등

보혜사 곧 아버지께서 내 이름으로 보내실 성령 그가 너희에게 모든 것을 가르치고 내가 너희에게 말한 모든 것을 생각나게 하리라 (요한복음 14장 26절)

 십자가 사건의 전날 밤, 다락방에 모인 제자들은 예수님께서 제자들을 얼마나 사랑하시고 그 사랑 때문에 어떤 대가를 치르실 것이며 그 사랑으로 이루실 일에 대하여 잘 알지 못했습니다. 그도 그럴 것이 3년이라는 시간동안 모든 것을 버려두고 예수님을 따랐던 제자들에게 예수님이 십자가를 지심은 이해되지 않는, 아니 이해하고 싶지 않은 사건이었을 것입니다. 그러나 예수님께서는 사랑하는 제자들을 불투명한 상황 속에 내버려두지 않으시고 성령을 보내어 모든 것을 가르치고 예수님께서 말씀하신 것들을 생각나게 할 것이라고 말씀합니다.

 팀 켈러의 책 『인생질문』에 보면 성령을 보내신 이유에 대하여 이렇게 이야기합니다. 진정한 예수님을 만나지 못했던 제자들에게 성령은 그들의 손만 잡아주거나 에너지만 주시는 게 아니라 깊은 진리를 가르쳐 삶을 변화시킬 것이다. 마침내 자신의 뿌리 깊은 죄를 보게 될 것이고 3년 동안 따라다녔던 예수님의 가르침을 깨우쳐 주실 것이다.

그렇습니다. 성령님은 우리에게 정보만을 제공하는 것이 아니라 어떻게 살아야 할지를 가르쳐 주십니다. 상황을 뛰어넘는 믿음을 갖도록 도전하시고 잘못된 길에 들어섰을 때에는 책망하십니다.

성령님의 사역에 대하여 신학자 J.I. 패커는 '투광 조명등'같다고 이야기 합니다. 어두운 밤중에 투광조명을 받는 건물을 보며 비춰지고 있는 건물이 아름답다고 이야기하는 것처럼, 우리의 마음에 계시는 성령의 역사는 우리의 삶이 어떠하든지 모든 것이 합력하여 선을 이루시는 하나님이심을 깨닫게 하고 결국은 아름답고 값진 경험에 대한 감사의 고백을 하게 만드는 것입니다.

우리가 겪게 되는 많은 사건들과 만남에 가르치시고 인도하시는 성령의 인도하심을 경험케 하시고 성령의 조명하심으로 매순간 주님의 뜻을 발견하게 하옵소서.

믿음의 여정

여호와가 너를 항상 인도하여 메마른 곳에서도 네 영혼을 만족하게 하며 네 뼈를 견고하게 하리니 너는 물 댄 동산 같겠고 물이 끊어지지 아니하는 샘 같을 것이라 (이사야 58장 11절)

 지난 겨울 교회 옥상 '하늘정원'에 설치된 창고에 올라갈 일이 있었습니다. 아무도 밟지 않은 새하얀 눈이 가득 쌓여 있었고 햇빛에 반사되는 반짝거림에 눈이 부셨습니다. 물건을 찾으러 창고까지 갔다 돌아온 발자국이 선명하게 찍혀 있는 것을 보며 나의 인생의 발자국, 신앙의 발자국은 어떠한가를 돌아보게 되었습니다.

 자넷 해그버그의 『더 깊은 믿음으로의 여정』이라는 책에 보면 그리스도인들은 신앙생활을 하면서 여러 가지 문제들에 봉착하게 되고 과연 나의 신앙은 어떠한가? 라는 질문을 하게 된다고 이야기 합니다. 그러면서 해그버그는 신앙을 6단계로 이야기 합니다. 그것은 하나님에 대한 인식(1단계), 제자의 삶(2단계), 생산적인 삶(3단계), 내면의 여정(4단계), 외면의 여정(5단계) 사랑의 삶(6단계)입니다. 그리고 내면의 여정과 외면의 여정사이에는 벽, 즉 영혼의 어두운 밤이 존재한다고 이야기합니다. 하나님을 알고, 제자로서의 삶을 살기로 결단하고 은혜로 채워지는 신앙생활은 반드시 외적으로 드러나게 되는데 그러기 위해서 넘어야 할 벽이 있다는 것입니다.

그것은 반드시 결단과 헌신이 필요하고 소망의 열매를 거두는 여정이지만, 영화와 안락의 길은 아니며 상황이나 관계가 걸림돌이 될 수도 있습니다. 그러나 믿음의 진전은 여러 가지 상황들에 대한 선택과 영적 성장에 대한 헌신에 달려 있습니다. 하나님은 마른 막대기와 같은 우리를 통해 역사하시고 그리스도인은 하나님의 영광을 이루기 위하여 살아갑니다.

이사야 58장 11절의 말씀에 보면 우리 주님은 우리를 항상 인도하여 메마른 땅에서 우리의 영혼을 만족케 하시며 물이 마르지 않는 샘과 같을 것이라고 말씀하십니다. 이 말씀을 붙들고 주님이 원하시는 아름다운 삶을 살아내시길 바랍니다. 찰스 스펄전은 '달팽이는 끈기로 노아의 방주에 도착했습니다.' 라고 이야기합니다. 느리다고 좌절할 것이 아니라 목표를 향하여 노아의 방주로 향했던 달팽이와 같이 주님 주신 은혜를 생각하며 힘들고 더디더라도 주님이 원하시는 삶을 살아가시기를 소망합니다.

우리의 영혼을 만족케 하시며 견고케 하시는 하나님을 기억하며 비록 더디고 넘어질 때도 있지만 치우침 없이 좌절하지 않고 경건의 목적지에 도달 할 수 있도록 동행하여 주옵소서.

진짜가 되는 길

너희의 구속자시요 이스라엘의 거룩하신 이이신 여호와께서 이르시되 나는 네게 유익하도록 가르치고 너를 마땅히 행할 길로 인도하는 네 하나님 여호와라 (이사야 48장 17절)

 임홍택 작가는 『관종의 조건』이라는 책에서 진정성이 아닌 절대적인 진실성을 가져야 함을 이야기 합니다. 지금까지의 세상은 '나를 믿어달라는 외침'으로 가득 차 있었고 위장된 진정성을 남발하는 시대에 잘못을 저질러도 간절하게 '진정성을 호소'하면 눈감아 주던 때도 있었습니다. 그러나 이제 세상이 바뀌어서 단순한 간절함 보다는 한눈에 보이는 실적, 자연스럽게 믿게 만들 수 있는 진실성을 가져야 한다는 것입니다. 결국 아무리 간절힌 진정성이라 할지라도 진실이라고 말할 수 없고 본질은 '신뢰'의 문제이며 '진짜'를 원한다는 것입니다.

 노르웨이의 시인 울라브 하우게는 '내게 진실의 전부를 주지 마세요' 라는 제목의 시에서 이렇게 이야기 합니다.

> 내게 진실의 전부를 주지 마세요
> 나의 갈증에 바다를 주지 마세요
> 빛을 청할 때 하늘을 주지 마세요

다만 빛 한 조각 , 이슬 한 모금, 티끌 하나를,
목욕 마친 새에 매달린 물방울같이,
바람에 묻어가는 소금 한 알같이.

 자신이 경험했던 것을 이야기하며 모든 것을 안다는 듯이 말하는 이들을 종종 보게 됩니다. 그러나 우리는 극히 작은 것을 부분적으로 알고 부분적으로 느낄 뿐입니다. 우리는 우리가 겪는 고난과 상황에 대하여 이해하지 못하고 이해 할 수도 없습니다. 또한 다 알고 이해 할 수 있는 능력이 있다 할지라도 극복 할 수 있는 것도 아닙니다. 그런 면에서 작은 진실조각을 통하여 감사하는 울라브 하우게의 마음가짐에 고개가 숙여집니다.

 전지전능하시고 진리이신 하나님께서는 우리를 사랑하시고 우리가 마땅히 걸어야 할 길로 인도하시며 그분의 뜻을 이루어가십니다. 하나님의 선하심을 믿고 한걸음 한걸음 인도하는 하나님의 섭리를 믿고 겸손과 성실로 믿음의 길을 걸어간다면, 하나님께 인정받고 세상의 사람들에게 인정받는 '진짜'가 되어 마침내 푸른 초장 쉴만한 물가로 인도하시는 하나님의 은혜의 손길을 경험케 될 것입니다.

우리의 열심이 무엇을 향한 것인지 깨닫게 하시고, 주님의 선하신 계획을 우선순위에 두고 겸손함으로 순종하며 나아가게 하옵소서.

세상 속 그리스도인

선장이 그에게 가서 이르되 자는 자여 어찌함이냐 일어나서 네 하나님께 구하라 (요나 1장 9절A)

이랑주씨는 『좋아 보이는 것들의 비밀』이라는 책에서 '하늘 올려다보기 실험'에 대하여 소개 합니다. 미국의 사회심리학자 밀그램(Stanley Milgram)이 1969년 뉴욕의 한복판에서 효과적으로 군집의 동조를 얻기 위하여 무엇이 필요한가를 실험하였고, 군집의 동조를 얻기 위하여 3이라는 최소한의 숫자가 필요하다는 결론을 내었습니다. 수년전 EBS 다큐프라임에서도 횡단보도에서 실험을 통하여 특정인물 3명이 동시에 하늘을 쳐다보면 길을 가는 대부분의 사람들이 걸음을 멈추고 하늘을 보게 되는 실험을 하기도 했습니다. 이와 마찬가지로 반복의 법칙, 즉 세 번 이상 반복된 시각적인 노출은 뇌에 효과적으로 각인이 된다고 이야기 합니다. 예를 들면 배스킨라빈스는 핑크색, 이마트는 노란색, 피자헛은 빨간색을 떠오르게 되는데 주제색상은 신뢰감과 연결이 되고 반복되고 또렷해진 것은 신뢰감을 주게 된다고 이야기 합니다.

요나 선지자는 니느웨로 가서 복음을 전하라는 하나님의 말씀을 들었지만, 불순종하여 정반대인 다시스로 가는 도중 큰 폭풍을 만납니다. 맹렬한 폭풍 속에서 사공들은 두려웠습니다. 그런데 선지자 요나는 배 밑에서 잠들어 있었습니다. 어느 주석가는 요나의 잠은 현실을 도피하고 싶은 마음을 담은 '슬픔의 잠'이라고 이야기 합니다.

팀 켈러 목사님은 『방탕한 선지자』라는 책에서 신자, 불신자 할 것 없이 우리는 모두 한배를 타고 있다고 이야기 하며 범죄나 질병, 건강, 물 부족 등의 문제가 공동체를 덮치면 함께 무너진다고 이야기 합니다.

선장은 아수라장이 된 배에서 잠자고 있는 하나님의 선지자 요나에게 "왜 자고 있느냐, 네가 믿는 하나님께 구하면 망하지 아니하게 할 것이다"라고 이야기하며 책망합니다. 선장이 요나를 꾸짖듯 오늘날 세상이 교회를 향하여 질책하는 것 같은 이때에 우리는 현실을 도피하고 싶은 슬픔의 잠을 자고 있진 않은가 생각해봅니다.

하나님을 주인으로 모셨다면 변함없는 그분의 종으로 정체성이 드러나야 합니다. 물고기가 물에서 살도록 만들어진 것처럼 인간은 하나님을 기쁘시게 하며 하나님을 사랑하고 이웃을 사랑하도록 만들어졌습니다. 진정한 자유는 하나님이 나를 창조하시고 의도하셨던 본래의 모습으로 살아갈 때에 비로소 얻게 되는 자유입니다.

우리의 삶의 자리에서 하나님을 사랑하고 이웃을 사랑하며 그분의 뜻대로 살고자 하는 몸부림은 세상에 또렷한 기억으로 남을 것이고 신뢰는 회복될 것입니다.

주님을 내 마음에 구원자로, 주인으로 모시게 하심을 감사드립니다. 성령의 인도하심 따라 주님의 사랑과 은혜를 흘러가게 하는 축복의 통로로 살아가게 하옵소서.

부르심의 은혜

예수께서 대답하여 이르시되 진실로 진실로 네게 이르노니 사람이 거듭나지 아니하면 하나님의 나라를 볼 수 없느니라 (요한복음 3장 3절)

냉소적 회의론자에서 열정적 복음주의자로 거듭난 리스트로 벨의 『기적인가 우연인가』라는 책에 보면 유명한 성경학 교수인 크레이그 S. 키너박사의 인터뷰 내용이 소개됩니다. 어릴 때부터 플라톤에 큰 관심을 가지고 있었고 변증학과 고생물학을 좋아했던 키너 박사는 무신론자였는데, 기독교인들이 신의 존재를 믿는다고는 하지만 그저 세상의 것이 전부인양 살아가는 것을 보며 기독교란 신빙성 없는 종교라고 생각했습니다. 15살 때 수업을 마치고 집에 가는 길에 전도를 하는 사람들을 만나게 되었습니다. 기독교인들을 놀리는 것이 즐거웠던 키너박사는 '성경에 구원받을 길이 있다'고 말하는 그들에게 성경을 운운할 것이 아니라 성경 말고 내가 납득 할 수 있는 다른 것을 통해서 설득하라고 말하며 자신이 아는 지식을 가지고 난해한 질문을 퍼부었습니다.

그렇게 집에 돌아오는 길에 성령께서 자신을 돌아보게 하십니다. 믿진 않았지만 그가 알고 있던 객관적인 성경의 말씀이 자신에게 그대로 적용됨을 깨닫게 됩니다. 하늘에서 삼위일체 하나님이 나를 내다보고 있다는 생각이 들었고 마음이 요동치며 '그것들이 옳을 리가 없지만 옳으면 어떡하지?'라고 생각하는 순간 '하나님의 임재' 하심을 느꼈다고 이야기 합니다.

키너 박사가 늘 바라던 경험적 증거 대신 하나님의 임재라는 증거를 주셨던 것입니다. 변증의 하나님으로가 아니라 거부할 수 없는 하나님의 임재를 알게 되었고 하나님의 엄위하고 위대하고 장엄하심에 압도되었습니다. 목적이 하나님께 있음을, 그분을 위하고 섬기는 인생을 살아야 함을 깨닫게 됩니다. 그에게 풀리지 않은 과학과 변증의 문제는 나중에 따라 잡으면 됐습니다.

예수님과 유대인의 관원 니고데모와의 대화에서 말씀하신 '거듭난다'라는 말은 '위에서부터', 곧 '하나님께로부터' 라는 뜻을 가진 단어입니다. 결국 죄로 인하여 상실된 하나님의 형상을 회복함에 있어서 '성령의 도우심'을 통하여 천국을 누릴 수 있음을 이야기하는 것입니다. 우리가 주님을 믿는 것은 기적입니다. 그리고 그 기적을 누리기 위해선 들어서 알고 있는 복음이 우리의 삶 속에서 경험되어야 합니다. 지금도 주님은 우리 마음의 문을 두드리고 계십니다. 머리로만 아는 것이 아니라 순종의 마음으로 성령의 역사하심과 인도하심에 우리 자신을 맡겨드림으로써 살아계신 주님을 경험케 될 것입니다.

 매순간 우리의 삶을 주관하시는 주님을 체험적으로 경험하길 원합니다. 주님의 임재를 갈망하오니 나의 심령에 성령의 단비를 부어주소서.

목표와 목적

그가 여호와께 연합하여 그에게서 떠나지 아니하고 여호와께서 모세에게 명령하신 계명을 지켰더라 (열왕기하 18장 6절)

가와기타 요시노리라는 작가는 『중년수업』이라는 책에서 이런 이야기를 합니다.

> 인생의 하프라인을 넘기 전까지는 목표가 보이지만
> 절반을 지나고 난 뒤부터는 목적이 보인다.
> 목표를 향한 걸음은 성급할 지라도 목적을 향한 걸음은
> 느릴수록 그리고 즐거울수록 좋다.

목표란 표준적인 내용을 포함하는 실제적 기준으로 '기간과 수준의 개념을 가지고 언제까지 어느 수준을 만들겠다' 라는 것을 의미합니다. 예를 들면 건강을 위하여 '7월 말까지 5kg을 감량하겠다' 라고 목표를 세우는 것입니다. 이에 반하여 목적이란 얻고 싶은 결과를 위한 확실한 방향을 정하는 것입니다. 목적은 '존재의 이유'이며 '왜 이것을 해야 하는가?' 에 대한 대답이라고 할 수 있습니다. 또한 분명한 목적은 우리의 잘못된 행동을 바꾸는 기제가 됩니다. 삶이 그런 것처럼 믿음도 성장할수록 단순한 목표가 아닌 목적을 향해 달려가게 됩니다.

열왕기하 18장에 보면 히스기야 왕에 대한 이야기가 나옵니다. 히스기야 왕은 하나님께 연합하여 하나님만을 의지했던 왕이었습니다. 하나님께서는 하나님만을 의지하는 히스기야 왕을 존귀히 여기셨습니다.

'히스기야 왕은 여호와께 연합했다(왕하18:6)' 라고 이야기하는데 여기서 '연합하다'라는 말은 히브리어 '따바크'라는 단어를 사용합니다. 이것은 '달라붙다', '집착하다' 라는 뜻으로 '애정과 충성으로 어떤 인격체에 밀착되어 있는 것'을 의미합니다. 히스기야 왕은 하나님과 항상 영적으로 깊은 교제를 했다는 것을 말합니다. 그리고 깊은 영적교제는 히스기야는 어떻게 살아야 하며 왜 그래야 하는지에 대한 분명한 의미를 알기에 하나님의 명령을 생활 가운데서 지키며 구별된 삶을 살아갑니다. 하나님께서는 구별된 삶을 살았던 히스기야와 늘 함께 하시며 '그가 어디로 가든지 형통(왕하 18:7)'한 삶을 살게 하셨습니다.

여러분은 삶에 그리고 신앙에 어떤 목적을 가지고 있습니까? 여러분의 삶 속에서, 그리고 신앙의 여정이 하나님 앞에서 확실한 목적을 가진다면 여러분의 삶은 더욱 견고해지고 기쁨과 감사 가득한 형통의 나날들로 채워질 것입니다.

우리에게 주어진 삶에 주님의 거룩한 뜻을 이루며 성령 안에 거듭난 도구로 쓰임 받는 은혜를 주옵소서 거룩한 열정을 가지고 주님나라 영광을 위하여 선한 영향력을 끼치게 하소서.

십자가의 사랑 경험하기

그가 찔림은 우리의 허물 때문이요 그가 상함은 우리의 죄악 때문이라 그가 징계를 받으므로 우리는 평화를 누리고 그가 채찍에 맞으므로 우리는 나음을 받았도다 (이사야 53장 5절)

하나님께서는 죄로 인하여 하나님과 단절된 우리를 십자가의 사랑으로 용서해 주셨습니다. 십자가의 사랑으로 용서받지 못할 사람은 없습니다. 그러나 많은 사람들이 하나님의 십자가와 용서의 은혜가 무엇인지 실감하지 못합니다. 어떻게 죄를 범한 내가 하나님 앞에서 용서함을 받고 평안함을 얻게 되는지 경험하지 못하는 경우가 있습니다. 죄를 지은 기억은 또렷한데 그 죄로부터 용서받았다는 경험은 그만큼 확실하지 않아서 찝찝한 마음, 불편한 마음으로 살아가는 사람들이 생각보다 많습니다.

아들을 끔찍이도 사랑하는 아버지가 있었습니다. 아버지는 추위를 많이 타는 아들에게 생일선물로 따뜻한 잠바를 사주었습니다. 아들은 가볍고 따뜻한 잠바만 있으면 매서운 바람이 부는 추운 날에도 견딜 수 있다고 생각하니 기분이 좋았습니다. 아들은 아버지에게 너무 고마워서 몇 번이고 감사의 인사를 했습니다.

그런데 이상하게도 아들은 그렇게 좋아하는 옷을 장롱에만 꼭 꼭 숨겨두고 꺼내 입지를 않았습니다. 강추위가 온 어느 날 아버지는 밖에 나가서 얼굴과 손이 꽁꽁 얼어 덜덜 떨고 들어오는 아들을 보며 안타까워했습니다.

"아들아! 내가 너에게 준 선물이 마음에 들지 않니?"
"마음에 들지 않다니요? 아버지께서 사주신 그 옷은 제 인생에 최고의 선물이예요."

아버지는 찢어지는 마음으로 아들을 바라보며 이야기 했습니다. "옷은 입는 것이지 보관하는 것이 아니란다. 네가 이 겨울을 따뜻하게 지냈으면 좋겠어! 사랑하는 내 아들아, 네가 이 옷을 입고 따뜻하게 보냈으면 좋겠어!"
이 이야기의 아들은 어쩌면 우리의 자화상일 수 있습니다. 예수 그리스도의 십자가의 사랑을 알고는 있지만 그 은혜를 누리지 못하고 있지는 않습니까?

우리의 죄를 위하여 예수님께서 십자가에 못 박혀 숙으셨습니다. 그 사실을 믿고 겸손히 나오는 모든 이들에게 하나님은 용서를 약속하셨습니다. 우리 모두 한없이 따뜻한 주님의 사랑을 누리길 바랍니다.

나를 위해 십자가 지신 예수님의 사랑을 믿고 나아갈 때에 감사의 간증이 넘치게 하시고 그 사랑을 누릴 수 있게 마음을 주관하여 주옵소서.

꽃보다 열매

사람은 외모를 보거니와 나 여호와는 중심을 보느니라 (사무엘상 16장 7절)

 화사한 꽃들이 피어나는 봄을 맞이하여 집 근처 꽃시장에 가서 향이 좋은 후리지아를 사서 집에 갖다 두었습니다. 오랜 시간 향기를 맡고 싶어서 아직 피지 않은 꽃봉오리 가득한 화분을 골랐습니다. 그러나 얼마 지나지 않아 꽃이 활짝 폈고 금세 져버렸습니다. 꽤 오래갈 것이라는 예상이 빗나갔습니다. 꽃잎이 떨어져 버린 꽃을 보며 묵상을 했습니다.

 하나님은 우리에게 열매 맺는 인생이 되라고 하시지 꽃피우는 인생이 되라고 하시지 않습니다. 하지만 많은 사람들이 꽃피우는 인생을 추구합니다. 꽃은 보기에 멋있고 아름다운 향기도 납니다. 그러나 열매 안에는 생명이 있습니다. 꽃은 시들어 없어질 뿐이지만, 열매는 사람의 생명을 소생케 합니다.

 성경은 이스라엘 백성을 무화과나무로 비유하곤 합니다. 하나님이 이스라엘 백성을 무화과나무로 지칭한 것은 큰 의미가 있습니다. 하나님은 당신의 백성들에게 꽃이 아닌 열매 맺는 삶을 원하셨습니다. 열매가 없는 인생을 안타까워하셨습니다. 예수님은 영적으로 결실하지 못하는 이스라엘의 지도자들을 경고하기 위하여 잎만 무성한 무화과나무를 보면서 저주하시기도 했습니다.(마 21:18,19) 우리에게 필요한 것은 성령의 열매이지 꽃이 아닙니다. 그리고 성령의 열매는 인격의 아홉가지 성품으로 드러납니다.(갈 5:22,23)

 많은 이들이 내면에 관심을 갖기보다 스펙을 쌓고 세속적인 인기에 목말라합니다. 세상이 열매보다 꽃에 더 환호합니다. 하지만 하나님은 사람들의 생각과 다릅니다. 사람들은 외모와 스펙에 집중하지만, 하나님께서는 중심을 보십니다. 그리고 사람의 관심과 인정보다 하나님의 인정을 받는 인생이 더 복됩니다. 꽃처럼 화려하지 않지만 하나님을 기쁘시게 하고 열매 맺는 인생이 진정으로 아름다운 인생입니다.

한치 앞을 모르는 인생을 붙들어주심에 감사합니다. 주님 주신 비전을 품고, 하나님의 때와 하나님의 방법을 의지하는 믿음의 사람으로 열매 맺는 인생 살게 하옵소서.

하나님의 페이지터너

그러므로 모든 더러운 것과 넘치는 악을 내버리고 너희 영혼을 능히 구원할 바 마음에 심어진 말씀을 온유함으로 받으라 (야고보서 1장 21절)

페이지터너는 연주자 옆에서 연주자 대신 악보를 넘겨주는 사람을 말합니다. 페이지터너의 세계에는 지켜야 할 공식이 몇 가지 있습니다.

연주자보다 튀어서는 안 되고 있는 듯 없는 듯 조용히 자기의 자리를 지켜야 합니다. 무대에 올라갈 때에는 주로 검정 옷을 입고 장신구도 착용하지 않습니다. 페이지터너는 주인공이 아니기 때문에 객석에서 울리는 박수에 답례를 해서도 안됩니다. 무엇보다 연주자마다 성향이 다르기 때문에 연수자의 습판이나 성격등도 잘 알고 있어야 하며 악보를 넘기는 타이밍도 연주자가 원하는 것에 맞추어야 합니다.

하나님은 하나님의 일을 행하실 때에 사람을 사용하십니다. 그리고 사명자에게 그분의 뜻을 높이기 위하여 필요한 것은 내가 돋보이는 것이 아니라 하나님만이 돋보이게 하고 우리가 행하는 일들로 하나님께서 영광 받으시는 것이어야 합니다. 무엇보다 창조주이신 하나님에 대한 바른 이해가 있어야 사명자로서의 최고의 삶을 살아 갈 수 있습니다. 사명자로서 가장 아름다운 삶은 '하나님의 페이지터너로 사는 것'이 아닐까요?

야고보서 1장에 보면 하나님의 말씀을 듣는 자가 어떠해야 하는지 잘 나타나 있습니다. 하나님의 말씀을 듣는 데에는 먼저 신중함을 가지고 말씀을 대하여야 합니다. 화를 내거나 환경에 자주 동요되는 모습이 있다면 혹시 내 안에 제거해야할 욕심이나 욕망은 없는지 생각해 보아야 합니다. 마지막으로 정결하고 순종함으로 말씀을 들어야 합니다. '모든 더러운 것과 넘치는 악을 버리고 온유함으로 받으라'고 이야기합니다. 온유함으로 받는다는 것은 가르침을 받고 순종하며 겸손함으로 변화하고자 하는 의지를 가지라는 것입니다.
하나님께서 붙드시고 그분이 쓰시면, 그 인생은 복된 인생이라 할 수 있습니다. 말씀에 순종하고 겸손함으로 나아가면 나를 통해 드러나시는 하나님으로 인하여 훗날 영광스러운 자리에 서게 될 것입니다.

나의 자리에서 하나님의 깊으신 계획과 뜻이 드러나게 하시고 특별히 구별하여 세우신 이 자리가 영광스러운 사명의 자리임을 기억하게 하옵소서.

믿음의 눈으로 바라보기

천국은 마치 밭에 감추인 보화와 같으니 사람이 이를 발견한 후 숨겨 두고 기뻐하며 돌아가서 자기의 소유를 다 팔아 그 밭을 사느니라 (마태복음 13장 44절)

 오전 8시 워싱턴 DC 지하철 개찰구 앞에 많은 사람들이 바쁘게 일상생활을 시작합니다. 허름한 옷차림의 노숙자 같아 보이는 남자가 바이올린 연주를 시작합니다. 연주가 진행된 40분 동안 대략 1000명의 사람들이 지나갑니다. 그러나 그의 연주를 들은 사람은 단 7명뿐이었습니다. 연주가 끝나고 박수를 친 사람은 한명도 없었고 그의 바이올린 케이스에 담긴 금액은 3만원이었습니다.

 놀라운 것은 연주를 한 분이 미국의 바이올리니스트 조슈아벨이라는 것입니다. 그는 30억의 가치가 있는 바이올린을 연주하고 그의 바이올린 공연의 평균 티켓가격은 11만원이며 연주회를 열 때마다 매진이 되었습니다. 평론가들은 그의 공연을 돈으로 환산하면 1분에 100만 원 이상의 값어치를 한다고 이야기 합니다. 엄청난 실력의 바이올리니스트의 값비싼 공연이었지만 그 공연을 알아보는 사람은 보기 어려웠습니다.

성경은 하나님 나라인 천국이 밭에 감추어 있다고 비유합니다. 감춰진 천국을 믿지 못한다는 것은 육신의 눈으로 볼 수 없기 때문입니다. 천국이 없는 것이 아니라 천국이 있는데 우리 육신의 눈으로 보지 못한다는 것입니다.

 믿음의 원리는 하나님 나라의 원리이고 하나님 나라의 원리는 보이지 않는 것을 믿는 것입니다. 믿음의 눈이라는 것이 없다고 의심하면 없지만, 있다고 생각하고 가치를 두면 비로소 발견하게 되는 것입니다.

 보화가 숨겨져 있던 곳, 즉 하나님 나라가 감춰져 있는 곳은 발견한 사람이 일하는 땅이었습니다. 멀리 찾아나서야 하는 것이 아니라 농부가 매일 밟고 일하는 곳에 있었습니다. 어떤 사람은 그것을 발견하고 어떤 사람은 그것을 발견하지 못합니다. 그 가치를 발견한 사람, 그 가치를 아는 사람은 작은 일에도 충성합니다. 큰일을 알기 때문에 사사로운 것에 흔들리지 않습니다.
 믿음의 눈으로 보면 예비하신 천국이 보일 것이고 천국의 소망으로 살아갈 수 있습니다.

육안으로 볼 수 없는 천국을 믿음의 눈으로 바라 볼 수 있도록 나를 붙드시고, 천국소망을 가진 자로서 말씀대로 행하기 위하여 진력하는 삶을 살게 하옵소서.

진정한 자유

내 이름을 경외하는 너희에게는 공의로운 해가 떠올라서 치료하는 광선을 비추리니 너희가 나가서 외양간에서 나온 송아지 같이 뛰리라 (말라기 4장 2절)

 일본의 경영의 신으로 불리는 마쓰시타 고노스케가 이런 이야기를 했습니다.
"감옥과 수도원의 차이는 불평하느냐, 감사하느냐다."

 누구나 마음속에 어떤 대상에 대한 감사한 마음을 가지고 살아갑니다. 우리의 삶을 돌아보면 감사하게 되는 사람을 만난 그 시점은 인생에 있어서 어렵고 서툴고 간절했던 때라는 사실을 깨닫게 됩니다.

 어쩌면 너무나 힘든 시기에 어려운 시기에 누구보다 간절한 시기에 만났기 때문에 그 분이 더 고마운 건 아닌가라는 생각이 됩니다. 세상엔 우연이 없고 모든 것을 합력하여 선을 이루시는 하나님께서는 감당할 만한 시험만 주시고 감당할 수 없을 때에 피할 길을 내시는 분으로(고전10:13) 우리의 어려움과 아픔을 아시고 우리가 감사하는 그분을 가장 좋은 때에 붙여주신 건 아닐까요?

'인생은 나그네 길이다', '인생은 피었다 지는 꽃과 같다' 라는 말을 하곤 합니다. 어린 시절 지루하다고 얼른 어른이 되길 원하였던 사람도 어른이 되면 다시 어린 시절로 되돌아가길 갈망합니다. 돈을 벌기 위하여 건강을 잃으며 열심히 살지만 시간이 지나고 건강을 되찾기 위하여 많은 돈을 써버립니다. 미래를 염려하느라 지금 행복해야 할 현재를 놓쳐버리고 결국 현재에도 미래에도 살지 못하고 방황합니다. 결코 죽지 않을 것처럼 살지만, 결국 한번도 살아본 적 없는 듯 무의미하게 죽기도 합니다. 어찌 보면 인생은 너무 허무합니다.

그러나 하늘의 소망을 품은 자는 '끝을 아는 자'입니다. 믿는 자들의 종착지, 믿는 자들의 목적지가 무엇인지 알기에 인생의 어려움과 아픔과 눈물이 결코 헛된 것이 아님을 깨닫게 되는 것입니다. 하나님을 의지하고 경외하며 천국소망을 가진 자에게는 현실을 뛰어넘는 진정한 자유함이 있습니다.

우리의 삶에 하나님을 진정으로 경외하는 마음을 통하여 은혜의 샘이 끊어지지 않는 기쁨을 허락하시고 현실을 뛰어넘는 자유함을 주옵소서.

기다림의 영성

너는 여호와를 기다릴지어다. 강하고 담대하며 여호와를 기다릴지어다
(시편 27편 14절)

 불광불급(不狂不及) 즉, '미치지 않으면 미치지 못한다'라는 말이 있습니다. 누군가에게 영향을 끼치고 큰일을 이루기 위해서는 미쳐야 한다는 것입니다. 누구나 남보다 뛰어나길 원하고 빛나고자 하는 마음이 있습니다. 그러나 마음만 있을 뿐 끈기 없이 쉽게 포기하는 경우가 있습니다.

 로마의 최고 정치가였던 카이사르는 말합니다. "훌륭한 행동이 아니면 행동이라고 말할 수 없다." 활기가 있는 긍정적인 행동은 주위 사람들을 즐겁게 해주고 존경받을 가치가 있는 인간이 되기 위해서는 반드시 존경 받을 만한 노력이 필요한 것입니다.

 현재는 과거의 흔적이고 미래는 현재의 열매입니다. 시간은 반드시 흔적을 남기고 현재의 모습은 미래의 열매로 나타나게 됩니다. 열매 맺는 인생을 살길 바라지만 현실의 벽 앞에서 '할 수 없다'고 생각하고 '할 수 없다'고 말하지는 않는지요? 실제로 진지하게 부딪혀보면 정말로 할 수 없는 일은 그리 많지 않은데도

말입니다. 어려운 일과 불가능한 일은 다릅니다. 그러나 현실의 벽 앞에서 좌절하는 사람들은 자신의 태만을 변명하기 위하여 그렇게 생각하고 있는 것입니다.

시편 27편에서 다윗은 이렇게 고백합니다.
'너는 여호와를 기다릴지어다. 강하고 담대하며 여호와를 기다릴지어다'(시 27:14)

다윗이 고난 가운데 파란만장한 인생을 살아갈 때에 하나님께서는 자신을 초막 속에 비밀히 지키시고 장막 은밀한 곳에 숨기시며 높은 바위 위에 두셨다고 이야기 합니다. 주님을 향한 확실한 믿음이 있었기에 다윗은 강함과 담대함으로 나아 갈 수 있었습니다.

과거에 경험하지 못했던 어려운 상황이 오면 똑같은 일들도 다르게 느껴시세 됩니다. 이때 중요한 것은 '기다림의 영성'입니다. 하나님이 우리에게 어떤분이신지를 알고, 삶의 자리에서 각자의 정체성에 맞는 담대함을 가지고 주님을 바라보며 그분의 때를 기다리는 것, 그것이 바로 신앙인의 삶입니다.

바쁜 일상 가운데 주님이 '먼저'라고 하는 것에 집중하고 민감하게 반응하게 하시고 지금도 일하고 계시는 주님을 바라보며 담대함을 가지고 잠잠히 기다리게 하옵소서.

신뢰의 시

오직 그만이 나의 반석이시요 나의 구원이시요 나의 요새이시니 내가 흔들리지 아니하리로다 (시편 62편 6절)

 다윗이 높은 자리에 있었을 때에 지은 시편62편을 보면, 자신의 현재 모습을 '기울어진 성벽'과 '무너진 돌담'으로 묘사합니다(시 62:3). 그리고 세상적인 권위와 배경으로는 자신을 스스로 지킬 수 있는 힘이 없음을 이야기 합니다. 그는 곧 무너질 것 같은 위기 상황에 있었고 원수들은 그때가 다윗을 무너뜨릴 수 있는 가장 좋은 때라고 생각했습니다.

 그러나 다윗은 '잠잠히 하나님을 기다린다는 것'과 '하나님만이 나의 반석이 되신다'는 사실을 근거로 자신의 목소리를 내고 있습니다. 결국 악인들의 공격이 빗발치는 어려운 상황 속에서도 하나님이 '내 견고한 바위가 되시고, 피난처가 되심'을 부각시켜 악인들의 행패와 대조적으로 주님의 크심을 고백합니다.

 진짜를 가진 사람은 상처 받지 않는다.
 부자에겐 가난하다고 놀리면 부자는 그냥 웃어넘길 테고
 남몰래 연애를 하는 친구에게 제발 연인 좀 만들라고 닦달하면

그 친구는 속으로 얼마나 가소로워 할까
진짜란 그런 거다 흔들리지 않는 것, 상처받지 않는 것.
- 이재철 목사. 성숙자반 中 -

진짜를 가진 사람은 흔들리지 않습니다. 상황을 뛰어넘는 믿음, 그것이 바로 '진짜 믿음'입니다. 여러분은 주님을 얼마나 신뢰하고 계신가요?

주님을 신뢰하고 있는지를 확인하는 것은 '지금 나의 상황이 어떠한가?'가 아니라 '나는 누구를 바라보며 내가 바라보는 그분은 어떤 분이신가?'에 대한 확실한 대답을 할 수 있어야 합니다. 진짜 믿음은 흔들리기 쉬운 상황에서 견고한 바위가 되시고 피난처가 되시는 그분을 바라보고 계속해서 믿음의 행보를 내딛는 것입니다.

믿음의 여정에 실족하지 않게 붙들어주시고 주님 주실 면류관을 바라보며 상황을 뛰어넘는 견고한 진짜 믿음을 주옵소서.

최고로 멋진 날

내가 네 갈 길을 가르쳐 보이고 너를 주목하여 훈계하리로다 (시편 32편 8절)

 한 아프리카 선교사님께서 간증하신 이야기를 나누고자 합니다. 새벽에 기도를 마치고 막 돌아서려는데 조그마한 어린아이가 뒤에 서 있어서 움찔했다고 합니다. 냄새를 풍기며 눈물자국이 그대로 남아있는 아이를 보며 짜증이 났습니다.
"새벽부터 찾아와서 귀찮게 구는 건 뻔하지, 뭐. 또 도와달라는 거겠지." 라고 생각했습니다.

 그러나 그 아이는 아버지가 선교사님께 가져다 드리라고 했다며 우유 한 병을 내밀었습니다. 선교사님은 어린아이가 귀한 우유를 가져온 것을 미처 알아채지 못했습니다. 그가 본 것은 퀴퀴한 냄새를 풍기는 거지같은 아이의 겉모습뿐이었습니다. 미안한 마음에 빵을 한 조각 내주었는데 아이가 빵을 절반 정도 남기더니 주머니 속에 넣었습니다. 그래서 이유를 물으니 그 아이가 이렇게 이야기 했습니다.

"제 동생이 많이 아파요. 빵을 먹는데 동생 생각이 났어요."
 하나님께서는 여러 가지의 상황과 환경을 통하여 우리를 이끌어 가십니다. 때로는 어려운 상황을 겪게 하시고 불편한 사람을 붙여 주시기도 합니다. 때로는 너무 힘들고 눈물 날 때도 있지만 모든 것에는 하나님의 뜻이 숨겨져 있습니다.

데일카네기는 『인간관계론』이라는 책에서 '기적을 만드는 공식'에 대하여 이렇게 이야기합니다.

"상대방의 입장에서 생각해보고 그 사람의 관점에서
사물을 보는 태도를 얻을 수 있다면,
그 한 가지만 얻을 수 있다고 하더라도
우리의 생애의 경력에 중요한 이정표 하나가 세워진 것이다."

좋지 않은 날은 없습니다. 나와 다르다고 틀린 것은 아닙니다. 좋지 않은 생각이 있을 뿐이며, 상대방이 살아온 환경과 가치에 대한 기준이 다를 뿐입니다.

우리가 만나는 사람, 우리의 진로와 미래, 지금 나와 함께하는 익숙한 무언가가 하나님을 경험하게 하는 매개체로 작용할 수 있습니다. 좋지 않은 생각은 버리고 신실하신 하나님이 주시는 생각을 가지고 살아간다면 오늘은 최고로 멋진 날이 됩니다!

하나님을 처음 만났을 때의 그 감동과 초심을 회복케하시사 모든 만남과 겪게 되는 일들을 통하여 합력하여 선을 이루시는 주님을 고백하게 하옵소서.

단순하게 살기

사람이 마음으로 자기의 길을 계획할지라도 그의 걸음을 인도하시는 이는 여호와이시니라 (잠언 16장 9절)

 복잡한 세상에서 단순하고 간편하게 살고자하는 움직임이 유행하고 있습니다. 단순함이란 그저 '간결한 것'을 의미하는 것이 아닙니다. 단순함의 다른 의미는 '명료함'입니다. 주체인 '내'가 확실하며 '왜'하는지가 분명하고 방법인 '길'이 뚜렷한 사람은 명료합니다.

 세상의 사람들의 고민을 요약하면 두 마디로 요약이 가능합니다. '무엇을 할 것인가?'와 '누구와 할 것인가?'입니다. 부귀영화를 누렸던 이스라엘의 3대 왕 솔로몬은 그의 삶 전반을 통하여 깨달은 것은 인생이 마음대로 안된다는 것과 모든 것의 결정권자는 하나님이시며 사람이 마음으로 자신의 길을 계획할지라도 그의 걸음을 인도하시는 이는 하나님이심을(잠 16:9) 고백하고 있습니다.

 전능하신 하나님의 인도하심은 너무나도 명료합니다. 그리고 그 하나님은 우리의 삶을 인도하실 때에 맞춤형으로 인도하십니다. 지혜가 없는 사람은 자기의 길에 갈등이 생기고 장애물이 생기면 마음이 상하고 하나님을 원망하지만 하나님의 인도하심을 믿는 지혜 있는 자들은 상황이 내 계획대로 흘러가지 않는다고 할지라도 하나님께서 나에게 가장 좋은 길로 인도하신다는 믿음이 있습니다.

독생자 예수 그리스도를 죽기까지 사랑하시는 하나님의 사랑을 알기에 묵묵하게 그 길을 걸어갈 수 있으며, 결국은 지금은 알 수 없는 하나님의 뜻이 반드시 있을 것이란 믿음이 있는 것입니다. 우리는 시시때때로 변하고 세상도 변합니다. 그러나 주님은 미쁘시고 신실하셔서 우리를 변함없이 사랑하시며 그분의 뜻대로 인도하십니다. 주님을 의지하며 주님의 인도하심을 따라 사는 단순하지만 가장 명료한 믿음의 길, 그 길이 가장 축복된 길입니다.

하나님께서 분명한 뜻이 있어 세우신 자리에서 단순하지만 가장 명료한 삶을 살아가게 하시어 모든 과정에서 하나님과 사람들에게 사랑받고 인정받는 은혜를 허락 하옵소서.

고물과 보물

상한 갈대를 꺾지 아니하며 꺼져가는 등불을 끄지 아니하고 진실로 정의를 시행할 것이며 (이사야 42장 3절)

며칠 전 텔레비전에서 19년간 올드카, 텔레비전 등을 수집하여 추억의 거리를 조성해 많은 사람들에게 옛 추억의 기쁨을 주는 일을 하는 분이 소개되었습니다. 그 분의 어머니가 이런 이야기를 하셨습니다. "어릴 때부터 고물만 주워 와서 속이 탔는데 많은 사람이 행복해하는 동네가 되었습니다. 고물이 보물이 되었네요!"

사람들이 보기에 지푸라기는 쓸모없는 존재 같지만 어미 새의 부리에 물리면 따뜻한 둥지가 되고 농부의 손길이 닿으면 요긴한 새끼줄이 됩니다. 영국의 시인은 "지푸라기가 사람을 간질여 웃긴다면 그것이 바로 행복의 도구다." 라고 말했습니다.

실패와 좌절 속에 상처 입은 우리는 스스로를 지푸라기처럼 상한 갈대와 꺼져가는 등불처럼 여기는 경우가 있습니다. 그을음만 가득한 꺼져가는 심지를 버리고 상한 갈대는 아무짝에도 쓸모가 없이 자리만 차지하고 있기에 뽑아 버리는 것이 세상의 논리이지만 하나님은 이들에 대한 무한한 애정을 보여 주십니다. 새끼줄이 된 지푸라기는 물에 빠져 허우적거리는 자가 잡으려는 마지막 희망의 지푸라기일 수가 있습니다.

 우리는 스스로를 고물처럼 여기며 낙심하기도 하지만 하나님이 사용하시면 스스로 고물이라고 생각했던 우리도 생명을 살리는 보물로 쓰임 받습니다.

부족함 많고 연약한 존재이지만 주님 뜻대로 나를 빚으셔서 주님의 손에 붙들려 귀하게 쓰임 받는 아름다운 도구 되게 하옵소서.

총보다 강한 실

엘리야는 우리와 성정이 같은 사람이로되 그가 비가 오지 않기를 간절히 기도한즉 삼 년 육 개월 동안 땅에 비가 오지 아니하고 다시 기도하니 하늘이 비를 주고 땅이 열매를 맺었느니라 (야고보서 5장 17,18절)

『총보다 강한 실』이라는 책에 보면 실은 총보다 강하고 균보다 끈질기며 쇠보다 오래된 것이라고 말합니다. 무역의 시작, 산업혁명, 과학발전 등 세계사의 중요한 순간마다 실이 있었습니다. 인간은 실로 만든 직물로 몸을 감싸며 미지의 대륙 그리고 더 높은 곳으로 가는 도전을 멈추지 않았습니다. 바이킹족이 바다를 건널 수 있었던 힘은 '천으로 만든 돛'에 있었습니다. 산업혁명의 원동력 또한 직물이었습니다. 이후 우주정복의 기반이 되는 우주복의 발명 등 인류 역사의 진짜 주인공은 바로 '실'이라는 것입니다. 그런데 실과 직물을 만드는 것은 대부분 여성들이 맡아서 하는 일이었습니다. 웅장하고 큰 무언가가 아닌, 민첩함과 예리함 그리고 성실이 이러한 결과를 낸 것입니다.

신앙생활도 마찬가지입니다. 최고의 결과를 내기 위하여 잠잠히 주님의 일하심을 기다리며 기도하고 맡겨진 사역을 성실히 나아가는 것이 하나님께서 일하시는 위대한 일을 만들어 냅니다. 때로는 당장 해야 할 것이 많은데 기도를 한다고 뭐가 달라지는가? 라는 의문과 답답한 마음이 들기도 합니다.

인내함으로 기도했던 엘리야는 기도한대로 응답받습니다. 야고보서 5장 17,18절에서 엘리야가 우리와 성정이 같은 사람이라고 이야기 합니다. 이 말은 결국, 기도는 기도하는 사람 편에서 생각할 것이 아니라 응답해주시는 하나님이 중요하다는 것을 이야기 하는 것입니다. 그런 의미에서 기도 없는 열심은 자기 수준대로 사는 사람이고 기도하며 성실하게 나아가는 사람은 하나님의 수준으로 사는 사람입니다.

종종 큰일을 맡아서 하는 사람을 보며 기도를 하지 않는데 잘되는 것 같다는 생각이 든다면 반드시 누군가 그 사람을 위하여 기도하고 있을 것입니다. 기도 없는 위대한 사역이란 생기지 않기 때문입니다. 총보다 실이 강합니다. 일터와 가정에서의 분주했던 일상을 내려놓고 주님의 일하심을 바라보며 기도함으로 나아간다면 주님이 일하실 것입니다.

나를 통하여 하나님의 뜻을 이루어 가시는 주님이심을 고백합니다. 의심치 않는 믿음을 주시사 전능하신 하나님이 행하실 위대한 일들을 기대하며 살아가게 하옵소서.

행복의 전염성

여호와께서 요셉과 함께 하시고 그에게 인자를 더하사 간수장에게 은혜를 받게 하시매 (창세기 39장 21절)

 얼마 전 TED 강연에 하버드대학 니콜라스 크리스타키스 교수가 32년간 성인 5000여명을 대상으로 '사람의 행복과 불행의 사회적, 지리적 근접관계'에 대한 연구조사를 바탕으로 강연을 하는 것을 보았습니다.
 주변에 행복한 사람이 살고 있는 사람들이 그렇지 않은 경우보다 행복지수가 높았다고 이야기 합니다. 주위에 행복한 사람이 많으면 가까이 사는 사람들도 행복해 질 가능성이 높다는 것을 의미하는 것입니다.

 행복은 전염성이 높아 행복한 사람들이 속한 가정은 더 행복해지며 자연스럽게 행복한 사람들의 그룹과 그렇지 않은 사람들의 그룹으로 나눠진다는 것이었습니다. 다시 말해 행복해지고 싶다면 행복한 사람들과 시간을 보내야 한다는 것입니다. 그러나 현실의 상황이 원하는 것처럼 되지 않을 때가 있습니다. 그렇다면 더 좋은 방법이 있습니다. 나 스스로가 먼저 주님의 사랑으로 행복해지는 것입니다. 내가 행복하면 내 가족이 내 친구가 그리고 한 번도 만나보지 못했던 그 누군가도 나로 인하여 행복해질 수 있습니다.

창세기 39장에 보면 요셉이 보디발의 아내의 음모로 인하여 억울하게 감옥에 갇히게 된 상황에서 하나님께서는 그때에도 요셉과 함께하셨고 요셉이 갇혀있는 감옥의 간수장에게도 은혜를 받게 하셨습니다.

하나님께서 함께 하심으로 상황을 뛰어넘어 형통의 삶을 살았던 요셉뿐 아니라 요셉을 통하여 이방나라인 애굽의 간수장에게도 하나님의 은혜가 끼치게 된 것입니다. 하나님의 은혜는 전염성이 강해서 서로를 이롭게 합니다. 하나님의 은혜로 충만한 사람, 성령 충만의 사람은 본인만 즐겁고 기쁜 것으로 끝나는 것이 아니라 도덕적인 행동의 모습으로 열매를 맺기 때문에 우리와 관계하는 가족과 이웃들에게도 즐겁고 기쁨이 넘치게 합니다.

여러분의 주변에는 행복한 사람들이 많이 있습니까? 아니, 여러분은 주님 주시는 행복을 날마다 누리시고 계십니까?

하나님의 은혜와 사랑이 나를 통해 흘러가는 축복의 통로로 살아가게 하시고 우리의 삶의 자리마다 주님주시는 기쁨으로 물들어가게 하옵소서.

30초 규칙

내가 그리스도와 함께 십자가에 못 박혔나니 그런즉 이제는 내가 사는 것이 아니요 오직 내 안에 그리스도께서 사시는 것이라 이제 내가 육체 가운데 사는 것은 나를 사랑하사 나를 위하여 자기 자신을 버리신 하나님의 아들을 믿는 믿음 안에서 사는 것이라 (갈라디아서 2장 20절)

여러분에게 두 종류의 '30초 규칙'에 대하여 이야기해 드리겠습니다.

첫 번째 '30초 규칙'은 이렇습니다. 세계 최고의 컨설팅 기업인 '맥킨지(Mckinsey)'에서 중요한 고객을 대상으로 회의를 하고 있었습니다. 잠시 뒤 회장이 들어오더니 갑자기 발표자에게 이런 말을 했습니다. "미안한데 지금 시간이 별로 없습니다. 주차장까지 이동하면서 브리핑을 해줄 수 있겠소?"

회의장에서 주차장까지 가는 시간은 약 30초였습니다. 실제 맥킨지에서는 가장 중요하게 생각하는 '30초룰'이 있습니다. 맥킨지는 이 30초 안에 핵심을 전달할 수 있는 테스트를 통과한 직원만 채용합니다. 이처럼 짧은 시간에 상대방을 설득하고 마음을 움직이는 것이 요즘 시대에 필요한 능력이 됩니다.

두 번째로 소개할 '30초 규칙'은 어떤 일을 결정해야 하는 순간에 섰을 때 딱 30초만 더 생각하라는 것입니다. 어떤 결단의 기로에 섰을 때 30초만 더 자신에게 겸허하게 물어보라는 것입니다. 이 결정이 내 삶과 일에 어떤 영향을 미칠 것인지 신중하게 판단해 보라는 것입니다. 결단과 결정의 순간이 수없이 반복되며 그 결정이 인생을 좌우할 수 있습니다. '30초 규칙'은 중요한 일일수록 한 번 더 살펴서 결정하라는 뜻입니다.

 여러분의 삶은 무엇을 위한 삶입니까? 그리고 그 삶을 30초안에 정의하면 무엇이라고 할 수 있습니까? 한번뿐인 삶을 신중하게 고민한 대답이 무엇입니까?
 그리스도인에게 가장 아름다운 삶은 한마디로 주님으로 이해되고 주님으로 설명 될 수 있는 단순하고 간결한 삶, 그것이 그리스도인의 삶이 아닐까요?

주님 안에서 인생의 의미와 방법을 찾게 하시고, 우리의 삶에 은혜로 간섭하시고 동행하시는 주님을 기억하며 믿음의 아름다운 여정에 거닐게 하옵소서.

주님이 드러나는 삶

범사에 감사하라 이것이 그리스도 예수 안에서 너희를 향하신 하나님의 뜻이니라 (데살로니가전서 5장 18절)

자동차가 문제가 생겨서 정비소에 맡기는 일이 있었습니다. 시동이 제대로 걸리지 않았고 시동이 걸려도 자동차가 심하게 흔들려서 운행이 어려운 지경에 이르렀습니다. 문제가 있는 자동차를 통해서 시동이 걸리지 않은 자동차는 핸들을 돌리려고 힘을 주어도 돌아가지 않았고, 시동이 걸렸다고 해도 정차되어 있는 자동차는 핸들을 돌리는데 많은 힘이 들어간다는 사실을 깨닫게 되었습니다.

자동차가 정상적으로 시동이 걸리고 앞으로 나아갈 때 자유롭게 핸들을 잡고 방향을 조정하여 목적지에 갈 수 있는 것처럼 하나님께서는 우리가 준비되어 일할 수 있을 때 사용하십니다.

하나님이 쓰시는 사람이 부족하고 연약할지라도 하나님은 하나님께 시선을 두고 주님을 바라보는 사람을 통하여 일하십니다. 또한 하나님께서는 분주히 움직이는 성도들에게 풍성한 사역을 준비하십니다. 하나님이 하시는 일에 뛰어드는 것 그리고 하나님이 그 완전하신 뜻 가운데로 인도하도록 하는 것, 그것이 바로 하나님께 쓰임 받는 인생의 모습인 것입니다.

 일을 하다보면 장벽에 부딪힐 수 있습니다. 길을 잘못 들어 한참을 다시 돌아가야 하는 경우도 있습니다. 그러나 인생을 성실하게 살면서 무슨 일이 일어나든 그것에 감사해야 합니다. 그것이 그리스도 예수 안에서 우리를 향하신 하나님의 뜻이기 때문입니다.

 중요한 것은, 지금 나는 준비되어 있고 성실하게 움직이고 있느냐는 것입니다. 넘어지기도 하고 실패하기도 하지만 하나님은 그러한 것들까지 사용하셔서 당신을 하나님의 뜻 안에서 빚고 계십니다.

우리를 향하신 하나님의 뜻은 범사에 감사하는 것임을 고백합니다. 합력하여 선을 이루시는 주님을 기대하며 주님이 드러나는 삶을 살게 하옵소서.

주님 안에 거하는 삶

내 안에 거하라 나도 너희 안에 거하리라 가지가 포도나무에 붙어 있지 아니하면 스스로 열매를 맺을 수 없음 같이 너희도 내 안에 있지 아니하면 그러하리라 (요한복음 15장 4절)

 하나님이 만드신 아름다운 가을의 풍경을 더 즐기고 싶지만 매년 가을의 끝자락에 요란한 천둥번개와 많은 비가 가을의 문을 닫는 것 같습니다. 이렇게 비가 요란하게 오는 날이면 얼마 전만 해도 물감으로 표현 할 수 없는 형형색색의 아름다운 가을 낙엽은 온데간데없이 사라지고 바닥에 나뒹구는 쓰레기만 가득해집니다. 나무에서 떨어진 낙엽을 밟으면 미끄러워 보행에 어려움이 있었고 더 큰 문제는 아름다웠던 낙엽이 떨어지면서 배수구를 막아 도로는 물바다가 되었습니다.

 저는 이러한 모습을 보며 묵상을 해보았습니다. 지난 봄 초록의 잎사귀는 여름, 가을이 지나며 인간의 기술로는 흉내 낼 수 없는 아름다움 그 자체였지만, 나무에서 떨어진 잎사귀는 사람들에게 밟히는 쓰레기에 불과하다는 모습을 보며, 하나님 안에 거하지 않는 인생이 얼마나 안타까운 모습으로 변하는지를 생각하게 했습니다. 떨어진 낙엽이 배수구를 막아 물바다가 된 것을 보며, 하나님께서는 계속해서 우리에게 은혜의 단비를 주시기를 원하지만, 막혀있는 관계로 인하여 그 은혜를 누리지 못하는 모습이 내 안에 있지는 않은지 돌아보게 되었습니다.

 내 안에 거하라 나도 너희 안에 거하리라 가지가 포도나무에 붙어 있지 아니하면 스스로 열매를 맺을 수 없음 같이 너희도 내 안에 있지 아니하면 그러하리라 (요 15:4)

 여기서 '거한다'라는 헬라어 '메노'는 그리스도와 그의 자녀들 간의 연결되어짐이 필연적으로 생명에 이르는 길임을 뜻하는 단어입니다. 요한은 예수님과 믿는 자들과의 관계를 이야기할 때에 이 단어를 자주 사용했습니다.

『새는 건축가다』라는 책에 보면 집을 짓는 여러 종류의 새들에게 대하여 소개하고 있습니다. 베짜는 새 별새, 콘크리트를 활용하는 미장이 제비, 동굴파기 전문가 딱따구리, 힘이 장사인 집꾼 독수리 등 책에서 소개하는 새집의 수식어는 재밌고 신기 했습니다. 이들의 공통점은 자신이 거할 집을 지을 때에 날씨가 좋고 바람이 없는 날에 짓는 것이 아니라 사람의 손이 타지 않는 험준한 절벽, 가시가 가득한 나뭇가지 잎 사이, 비바람이 부는 좋지 않은 날에도 집짓기를 계속한다고 합니다. 바보 같아서 그런 것이 아닙니다. 가장 안전하고 어떤 상황에서도 견딜 수 있는 튼실한 집을 짓기 위해서입니다.

상황과 환경을 뛰어넘어 주님 안에 거하는 것이야말로 세상에서 가장 튼튼하고 안전한 삶을 살아가는 것입니다.

주님 안에 거하는 삶이 가장 복된 삶임을 기억하게 하시고 하나님 말씀의 반석 위에 기초한 굳건한 믿음, 흔들리지 않는 믿음을 주옵소서.

반음내림과 반음올림

우리에게 있는 대제사장은 우리의 연약함을 동정하지 못하실 이가 아니요 모든 일에 우리와 똑같이 시험을 받으신 이로되 죄는 없으시니라 그러므로 우리는 긍휼하심을 받고 때를 따라 돕는 은혜를 얻기 위하여 은혜의 보좌 앞에 담대히 나아갈 것이니라 (히브리서 4장 15,16절)

 애덤스미스의 글을 엮어 만든 『내 안에서 나를 만드는 것들』이라는 책에 보면 '감정의 조절이 빚어내는 마법'이라는 제목의 글에서 이렇게 말합니다. "우리가 비극적인 사건을 겪거나 승리를 맛볼 때 상대의 감정이 내 감정과 같기를 원한다"
 우리가 겪게 되는 아픔들에 대하여 주변의 누군가가 나의 감정을 진심으로 이해해 줄 때 위로를 받게 됩니다. 상대가 나와 같이 감정을 공감하고 상황을 이해한다면 놀라운 일이 일어납니다. 그로 인해 내 슬픔의 일부가 사라지는 마법과 같은 일이 벌어지는 것입니다. 상대는 내가 아니기에 내 슬픔을 상상만 할 수 있고 온전히 같은 입장은 될 수 없습니다. 그러나 이러한 사실은 또 작은 기적을 만듭니다. 사랑하는 사람이 상대방이 내 마음을 완전히 공감하지 못할 것을 알기에 아픔에 처한 당사자는 자신의 슬픔을 누그러뜨리려고 노력하고 자연스레 상대방이 나만큼 슬픔을 공감할 것을 기대하는 대신 자신의 슬픔을 낮춰지게 된다는 것입니다.

스미스는 이러한 상황을 음악에 빗대어 설명합니다. "아픔에 처한 사람은 감정을 누그러뜨려 주위 사람의 위로의 마음과 조화를 이루려면 원래 올라가있던 음에서 반음을 내리고 위로하려는 사람은 그 사람의 감정을 공감하기 위하여 반음을 올립니다." 결국 반음 올림과 반음 내림의 노력은 서로의 관계에 큰 도움이 된다는 것입니다.

우리를 창조하시고 우리의 아픔과 연약함을 아시는 주님은 친히 인간이 되셔서 인간의 연약함을 체험하신 분이십니다. 그렇기에 주님은 우리의 아픔을 100퍼센트 공감하십니다. 그리고 하나님은 은혜를 간구하는 자에게 적절한 때에 적절한 은혜를 주시며 예수 그리스도를 통해서 하나님 앞에 나아 갈 수 있게 하십니다. 그때가 하나님 보시기에 적절한 때이고 적절한 은혜라서 기다리는 것이 어렵고 답답할 수도 있습니다. 그러나 하나님은 우리가 생각하는 것 이상으로 가장 좋은 때에 가장 좋은 방법으로 역사하십니다. 우리는 우리의 삶에 고난과 아픔의 상한 감정들을 우리의 연약함을 아시는 주님 앞에 낱낱이 아뢸 수 있고 주님이 주시는 새 힘으로 다시 일어설 수 있습니다.

낮고 낮은 이 땅에 오셔서 나를 위해 십자가 지신 주님을 기억합니다. 우리의 연약함을 아시고 공감하시는 주님께 지치고 상한 맘을 낱낱이 아뢸 때 회복의 은혜를 주옵소서.

믿음의 시련을 통하여 얻는 것

내 형제들아 너희가 여러 가지 시험을 당하거든 온전히 기쁘게 여기라 이는 너희 믿음의 시련이 인내를 만들어 내는 줄 너희가 앎이라 (야고보서 1장 2,3절)

전 세계 180개국 500여명의 리더를 훈련시킨 리더십의 대가 존 맥스웰이 지은 『인생의 중요한 순간에 다시 물어야 할 것들』이라는 책에서 그는 자신의 인생을 바꾸기 위하여 본인 스스로에게 던진 질문들에 대하여 소개합니다. 여러 종류의 투자 가운데 자신을 위한 투자가 가장 중요하다고 이야기 하면서 한번뿐인 삶에서 무엇을 얻을지는 자신에 대한 투자에서 판가름이 난다고 이야기 합니다.

그러면서 이런 질문을 스스로에게 던집니다.

"나는 나 자신을 어떻게 생각하는가?"
"나의 미래는 어떠할 것이라고 생각하는가?"
"주위 사람들이 나를 어떻게 생각하는가?"

이러한 질문은 세 가지 단어로 요약이 됩니다.
자아상, 비전 그리고 관계.

이러한 질문은 풍요롭고 문제가 없을 때보다 역경을 만났을 때 그 본모습에 직면하도록 만들며 그 상황을 통하여 강점과 약점이 가감 없이 드러나게 됩니다. C.S.루이스도 "하나님은 우리 인간이 다른 방식으로는 배울 수 없는 교훈을 가르치기 위하여 인생의 바닥을 경험하도록 하신다"라고 말합니다.

 야고보 사도는 야고보서 1장 2,3절의 말씀을 통하여 믿음의 시련에 대하여 이야기 하는데 여기서 '도키미온'이라는 헬라어를 사용합니다. 이 말의 원어적 뜻은 평소에는 드러나지 않는 본질이 테스트를 통하여 진가가 드러나는 것입니다. 그리고 믿음의 시련 (도키미온)은 성경 곳곳에 나오는데 옳다 인정함을 받는 자 (도키모스), 하나님께 인정된 자(도키미온)라는 말에 쓰입니다. 결국 하나님은 믿음의 시련을 통하여 그 사람의 자아상과 비전 그리고 관계를 더욱 연단하시고 훈련시켜서 사용하십니다. 주님의 손에 붙들릴 때에 원석이었던 우리의 모습이 보석처럼 순금처럼 반짝반짝 빛나게 되는 아름다운 삶을 살게 됩니다.

우리 앞에 펼쳐진 모든 순간마다 주님의 손길을 경험케 하시고 주님께서 주시는 연단의 과정을 온전히 기쁨으로 감당할 수 있도록 붙들어 주옵소서.

모순(矛盾)

주의 성도들아 여호와를 찬송하며 그의 거룩함을 기억하며 감사하라
(시편 30편 4절)

 전국시대 초나라에 무기 상인이 있었습니다. 시장에 창과 방패를 팔러 나가서 방패를 들고 외칩니다. "이 방패를 보세요! 견고하여 어떤 창이라도 막아낼 수 있습니다" 그리고 이번에는 창을 들어 올리며 외칩니다. "이 창을 보십시오. 예리함은 천하일품 어떤 방패라도 한 번에 뚫어 버립니다" 그때 구경꾼이 "예리한 창이 견고한 방패를 찌르면 어떻게 되는거요?" 라고 질문하자 무기상인은 서둘러 자리를 떠버렸습니다. 이것이 모순의 유래입니다.

소설가 양귀자씨는 『모순』이라는 책에서 이런 이야기를 합니다.
 사람들은 작은 상처는 오래 간직하고 큰 은혜는 얼른 망각해 버린다
 상처는 꼭 받아야 할 빚이라고 생각하고 은혜는 꼭 돌려주지 않아도 될 빚이라고 생각하기 때문이다
 대부분의 사람들은 인생의 장부책 계산을 그렇게 한다.

어쩌면 우리의 신앙생활도 한걸음만 떨어져서 바라보면 모순된 모습을 보일 때가 있습니다. 성경 말씀이 싫은 것이 아니라 세상 일에 마음을 뺏겨 하나님을 자주 잊고 말씀을 보지 못한 것이며 시간이 없어 가정예배에 충실하지 못한 것이 아니라 삶에서 하나님을 더 기억하지 않아서 예배에 소홀히 했던 것입니다. 열정이 없어 전도하지 못한 것이 아니라 예수님의 진심 어린 마음을 잊어서 전도하지 못했던 것입니다.

그렇습니다. 모순된 신앙생활에서 벗어날 수 있는 방법은 하나님이 베푸신 은혜와 우리를 사랑하시는 그 마음을 기억하는 것입니다.

네 하나님 여호와께서 이 사십 년 동안에 네게 광야 길을 걷게 하신 것을 기억하라.(신 8:2A)
주의 성도들아 여호와를 찬송하며 그의 거룩함을 기억하며 감사하라.(시 30:4)
내가 전한 복음대로 다윗의 씨로 죽은 자 가운데서 다시 살아나신 예수 그리스도를 기억하라.(딤후 2:8)

성경은 하나님을 그리고 하나님께서 행하신 일들을 기억할 것을 명령합니다. 주님을 기억하고 살면 주님의 원하시는 행동이 삶에서 드러나고 주님이 원하시는 행동이 계속되면 주님을 따르는 습관이 됩니다. 마침내 주님을 따르는 습관은 주님의 복된 도구로 쓰임 받게 되어 하나님을 드러내는 복된 인생을 살게 합니다.

지나 온 삶의 여정마다 함께 하신 하나님의 은혜를 기억하게 하시고 우리의 삶을 통해 세상을 향한 주님의 사랑이 드러나게 하옵소서.

장애와 하나님의 역사

예수께서 대답하시되 이 사람이나 그 부모의 죄로 인한 것이 아니라 그에게서 하나님이 하시는 일을 나타내고자 하심이라 (요한복음 9장 3절)

 장애인 주일을 맞이하여 성경은 장애를 어떻게 이야기하는지를 생각해 봅니다. 아담과 하와는 죄로 하나님과 단절되었고 에덴동산에서 쫓겨났지만 여전히 하나님은 회개하고 돌아오길 간절히 원하셨습니다. 그러나 연약한 인간은 죄성으로 인하여 하나님께 돌아오지 않습니다. 말씀으로 권면하고 기적을 일으키시고 종살이를 시키시기도 하고 나라가 망하는 일도 일어나지만 돌아오지 않습니다. 또한 죄가 들어오기 전 하나님의 형상의 온전한 모습이 아닌 '장애'라는 강력한 도구를 사용하여 당신의 백성이 돌아오길 바라셨습니다. 이런 의미에서 '장애'는 나와는 다른 어떤 한 사람 한 가정의 문제가 아니라 죄로 인하여 부패한 죄성을 가진 바로 우리의 모습인 것입니다.

 예수님께서는 이 땅에 메시아로 오셨습니다. 그분은 '장애'를 가진 자들을 사랑하시고 구원하시며 보호하시고 치료하시는 분이셨습니다. 예레미야 31장에 등장하는 메시아의 구원의 대상인 '이스라엘의 남은 자'에 장애인도 포함되며 사복음서에 장애와 관련된 구절은 202구절이나 나타나있습니다.

 예수님과 제자들이 길을 가다가 날 때부터 맹인된 사람을 보고 제자들이 묻습니다. "누구의 죄 때문입니까?" 그때 예수님께서 이렇게 대답하십니다.

 예수께서 대답하시되 이 사람이나 그 부모의 죄로 인한 것이 아니라 그에게서 하나님이 하시는 일을 나타내고자 하심이라(요 9:3)

여기서 하나님이 하시는 일은 '하나님의 역사'를 말합니다. 이는 활발하게 거룩한 일을 성취하신다는 의미를 가집니다. 마귀는 인간을 미혹시켜 질병과 고통을 주지만 하나님은 그 질병과 고통을 통해 믿음을 연단하시고 하나님의 거룩하고 흠이 없는 자녀로 만들어 가십니다. 인간의 죄로 인하여 하나님의 완전한 형상을 잃었던 자를 마귀의 권세에 매여 죄와 사망의 어둠 가운데 평생 육체의 탐욕에 비참함을 느끼며 살아가야하는 우리를 위하여 하나님은 독생자 예수그리스도를 이 땅에 보내시고 십자가를 지심으로 죄를 대속해주십니다.

 장애는 본인의 죄나 조상의 죄 때문이 아닌 바로 원죄로 인해 타락한 우리의 모습입니다. 장애인 주일을 맞이하여 장애를 바라보며 고단함과 아픔을 동정하는 것으로 끝나는 말고 예수께서

이 땅에 왜 오셔야 했는지를 기억하길 바랍니다.

 *죄로 인하여 부패한 우리의 모습을 제대로 바라 볼 수 있는 영안을 허락하시고 예수님이 이 땅에 오신 진짜 이유를 생각하며 감격하게 하옵소서.*

삶의 열매

우리는 그가 만드신 바라 그리스도 예수 안에서 선한 일을 위하여 지으심을 받은 자니 이 일은 하나님이 전에 예비하사 우리로 그 가운데서 행하게 하려 하심이니라 (에베소서 2장 10절)

 목회자로 부름 받고 목양을 하면서 가끔 하나님께서 기뻐하시는 섬김과 봉사를 하는데 진심으로 기뻐하는 성도들의 모습을 볼 때면 목회자인 제가 큰 도전을 받습니다. 아마 세상 사람들은 자신의 시간과 노력, 재물을 쓰는데도 저렇게 기뻐할 수 있을까? 라고 의구심을 갖겠지만 은혜가 무엇인지를 알기에 그들의 삶의 열매는 더 빛이 난다고 느껴집니다.

 성경에서 말하는 은혜의 원어는 '과분한 호의', '거저 받음'이라는 뜻을 가진 헬라어 '카리스'를 사용합니다. 이는 받을 자격이 없는 사람에게 베푸는 호의를 의미합니다. 로마서의 말씀에 보면 일하는 자에게는 그 삯은 은혜가 아니라 빚으로 여깁니다.(롬 4:4) 그리고 그 은혜가 만약 행위로 말미암았다면 그것은 은혜 될 수 없다.(롬 11:6)고 말합니다.

 모든 것이 거저 받은 하나님의 은혜인데, 예수님 안에서 선한 일을 위하여 지음 받았다는 말은 주님의 은혜로 구원을 받은 우리가 주님과의 관계가 깊어짐에 따라 영적으로 성장하게 되고 그 행위는 관계형성을 통한 열매로 주어진다는 것입니다. 선한 일을 통한 열매는 은혜의 관점에서 생각해보면 '우리가 하나님을 위하여 예정된 것'이 아니라 '우리를 위하여 하나님께서 예비하신 것'입니다. 즉, 우리는 거룩하고 전능하신 하나님 앞에 설수 있는 선한 일을 할 수 있는 존재가 아니라, 예수그리스도의 은혜, 예수그리스도의 대속의 은혜를 통하여 중보자 되시는 예수님으로 인하여 하나님 앞에 나아 갈 수 있으며 그렇기에 하나님께서 우리를 위하여 예비하신 것을 할 수 있게 되는 것입니다.

그리스도인은 행위가 아닌 믿음으로 구원받았지만 구원받은 우리는 하나님께서 우리를 위해 예비하신 일을 할 수 있으며 열매 맺는 인생을 살기 위하여 노력해야 합니다.

은혜의 반대말은 노력이 아닙니다.(엡2:9) 은혜의 반대말은 공로의식입니다. 내게 주신 사명을 감당할 수 있게 하시는 예수님의 은혜와 사랑을 통하여 그리스도인으로서 행실의 온전함을 이룰 수 있습니다.

자격 없는 우리를 택하시고 구원하신 주님의 은혜를 붙들고 오늘도 주님 예비하신 선한 일을 기쁨으로 감당하게 하옵소서.

배우고 가르치는 것

히스기야가 그의 조상 다윗의 모든 행위와 같이 여호와께서 보시기에 정직하게 행하여 (열왕기하 18장 3절)

여호와께서 함께 하시므로 어디로 가든지 형통한 삶을 살았던(왕하 18:7) 남유다 왕국의 히스기야 왕은 '여호와 보시기에 정직하게' 행했던 사람이었습니다. 그는 병으로 죽을 상황 속에서도 하나님께 간절히 기도하였고, 그 기도에 응답받아 15년이나 생명을 연장하여 살게 되었던 왕입니다. 우리의 삶에서 최종 롤 모델은 예수님이시지만 히스기야에게는 중간 롤 모델이 있었습니다. 바로 다윗입니다.

히스기야는 한 나라의 권력을 가진 왕으로서 쉽게 타락의 길을 갈 수 있었고 심지어 히스기아의 이비지 아하스 마저 우상을 숭배했지만 그는 인생의 중간 롤 모델인 다윗의 아름다운 신앙생활을 이어 받고자 노력했던 사람이었습니다. 물론 다윗도 하나님 앞에서 정결하고 순전한 모습만 있었던 것은 아니었습니다. 넘어지고, 실패했던 경험이 있었지만 그럼에도 주님 앞에서 마음을 다잡고 주님 원하시는 길을 가고자 했던 사람이었기에 하나님 마음에 합한 자라는 별명을 얻을 수 있었던 것입니다.

매년 스승의 주일이 되면 목회자로 사명의 길을 걸어가는 저는 중간 모델로서의 영적 스승을 생각해 봅니다. 잘 준비되었다면 설렘이 두려움을 압도하는 것처럼 저의 인생을 설렘으로 기대하게 하는 영적 스승들이 있습니다. 그 분들의 성향, 성격, 기질은 다들 달랐지만 하나님을 향한 마음만큼은 뜨거웠던 분이셨습니다. 서투르고 부족함이 많았지만 제 삶을 믿고 기다려준 영적 스승들이 사랑의 마음을 담아 해 주신 말씀과 눈빛은 세월이 흐를수록 따뜻한 기억으로 간직하게 됩니다.

"우리는 저마다 누군가의 제자이면서 동시에 누군가의 스승입니다. 배우고 가르치는 사제의 연쇄를 확인하는 것이 곧 자기의 발견입니다" 라는 신영복 교수님의 이야기처럼 스승의 은혜에 감사하고 여러분을 중간 모델삼아 살아가는 누군가에게 따뜻한 사랑을 가르치심으로 설렘 가득한 복된 인생을 사시길 바랍니다.

하나님의 계획 가운데 허락하신 믿음의 스승과 동역자들을 주심에 감사하게 하시고 누군가에게 선한 영향력을 끼치는 인생을 살게 하옵소서.

인생의 참맛

하나님을 가까이 하라 그리하면 너희를 가까이 하시리라 (야고보서 4장 8절)

누구보다 커피를 좋아하게 되면서 문득 '나는 언제부터 이 쓴 커피를 좋아하게 된 걸까?' 라는 의문을 갖게 되었습니다. 그 질문에 대하여 곰곰이 생각해 보니 바쁜 일정, 고된 삶의 현장 속에서 '안락한 카페에서 커피를 주문하고 커피 향을 맡으며 기다리는 시간 오래지 않아 마시는 잠깐의 시간적 여유가 좋아서' 라는 해답을 얻게 되었습니다.

'커피'를 좋아하기 보다는 '커피를 마시며 쉴 수 있는 시간' 자체가 좋았고 그 시간이 좋으니 '커피'를 좋아하게 되었습니다. 커피 본연의 맛을 더 깊이 느끼고 싶어서 물과 얼음은 최대한 줄이고 '에스프레소 샷'을 추가해서 마시는 저에게 누군가 물었습니다. "이건 무슨 맛 이예요?" 그때 저는 "인생의 쓴맛"이라고 농담 섞인 대답을 하곤 했습니다.

'인생의 참맛', '인생의 이유'가 무엇일까를 깊이 생각해 봅니다. 우리는 저마다 나름의 목표를 가지고 살아갑니다. 그러나 창조주 하나님 없는 인생은 허무함과 공허함의 결과를 가져옵니다. 바쁘고 고된 삶의 현장의 목적이 우리를 창조하시고 예비하신 천국소망을 갖게 하시는 하나님의 나라의 확장이 아니라면, 결국 아등바등하며 살아가는 이 땅에서의 삶은 마르는 풀과 같고 이윽고 떨어지는 꽃과 같기에(벧전 1:24) 아무것도 아닌 것이 됩니다.

 야고보 사도는 하나님을 가까이하면 너희를 가까이 하실 것을 말씀합니다.(약 4:8) 하나님을 가까이 한다는 것은 나를 창조하시고 나를 나보다 더 잘 아시는 하나님과의 친밀한 관계를 위하여 하나님의 말씀에 순종하는 삶을 산다는 것입니다. 그리고 하나님께서 가까이 하시겠다는 것은 넘치는 축복과 은혜를 베푸심을 의미합니다. 그렇다면 하나님과의 친밀함을 위해서 중요한 것이 무엇일까요? 그것은 시간을 드려야 하는 것입니다. 너무 바빠 찾는 시간이 없다고 하지만 우리는 가장 중요하다고 생각하는 일을 위해서는 어떻게든 시간을 냅니다. 결국 우리가 무엇이 중요한지를 깨닫게 된다면 하나님과의 시간을 우선순위에 두고 하나님을 중심으로 우리의 일정을 조정할 것입니다.

 로렌스형제는 『하나님의 임재연습』이라는 책에서 "우리가 신실하게 주님의 임재 안에서 떠나지 않는다면, 우리 안에는 거룩한 자유가 생겨나며 하나님을 친밀하게 대할 수 있고, 이러한 친밀함 안에서 우리가 필요로 하는 은혜를 구할 수 있습니다." 라고 말합니다.

주님을 가까이 함으로 삶의 의미가 무엇인지를 알고 삶의 참된 목적을 깨닫는 거룩한 자유함의 인생을 살아가는 우리 모두가 되시길 축복합니다.

　　일상의 분주함 속에서도 늘 나와 함께하시며 동행하시는 주님의 말씀 앞에서 순종함으로 이 땅에서 삶의 목적을 바로 깨닫는 믿음의 인생을 살게 하옵소서.

고통스런 관계에서 떠나기

내 하나님이여 나를 기억하사 복을 주옵소서 (느헤미야 13장 31절B)

 우리의 삶에서 독이 되는 사람을 만날 때가 있습니다. 그들은 삶의 즐거움과 활력을 앗아가고 믿음이 흔들리게 하는 심각한 피해를 주기도 합니다. 사랑하고 용서하고 인내해야 한다고 알고는 있지만 그것만이 유일한 해결책이 되는 것은 아닙니다. 고통스러운 관계로 힘들어 할 때에 나는 누구이며 이 땅에서의 사명이 무엇인지, 그리고 실제적으로 어떻게 반응해야 하며 무엇보다 이러한 일들이 하나님께서 나의 믿음이 더욱 굳건해지길 원하시는 연단인지 아니면 영혼을 멍들고 아프게 하는 것인지를 분별 할 수 있도록 지혜를 구해야 합니다.

 하나님께서는 우리를 조건 없이 사랑하셨고 우리 또한 조건 없이 사랑하라는 소명을 주셨지만 독이 되고 영혼의 기쁨을 앗아가는 사람들과의 관계 속에서 무조건 견디라고 요구하시지는 않았습니다. 우리의 영혼을 갉아먹는 관계의 파괴적인 영향력에서 거리를 두고 이 땅에서의 사명을 위해 살아가는 것이 더 지혜로운 모습일 것입니다.

주전 586년 바벨론군대는 예루살렘을 파괴하고 성전을 잿더미로 만들어 버립니다. 성전이 재건되고 60년이 지나서 느헤미야는 성벽재건이라는 사역을 감당합니다. 성벽재건은 종교적인 영향 뿐 아니라 정치적으로도 중요한 의미가 있기 때문에 거짓과 협박 그리고 온갖 방법으로 집중력을 흔드는 많은 방해꾼이 존재했습니다.

자신의 사명을 알았고 사역에 충실했던 느헤미야는 감상적인 어리석음에 낭비할 시간이 없었습니다. 마침내 느헤미야는 예루살렘 성벽재건을 52일 만에 완수합니다. 성벽재건이 두 달도 안 걸렸는데 왜 진작 재건하지 않았는가하는 질문이 생깁니다. 이에 대한 답은 의외로 간단합니다. 느헤미야가 사명감을 가지고 재건하기 전에는 성벽재건은 힘들 것이라 생각했고 독이 되는 사람을 단호하게 거절하는 지혜롭고, 통찰력 있고 사명감을 띤 사람이 없었기 때문입니다. 독이 되는 훼방꾼에 흔들리지 않고 맡은 사역을 충직하게 완수한 후 느헤미야는 이런 고백을 합니다.

"내 하나님이여 나를 기억하사 복을 주옵소서" (느 13:31)

그렇습니다. 우리가 훼방하고 방해하는 독이 되는 사람들에 대한 시선을 하나님으로 향하는 것과 하나님께서 우리를 어떻게 기억하실지만 신경 쓴다면 우리는 하나님에게 충성스러운 도구로 쓰임 받게 될 것입니다. 하나님께 복을 받아 그분께 기억되는 삶, 주님 앞에서 섰을 때 "잘 하였도다 착하고 충성된 종아"(마 25:21) 라고 칭찬받는 삶, 고통스런 관계를 뛰어넘는, 믿음의 길을 묵묵히 걸어가시길 바랍니다.

 하나님께서 허락하신 상황들과 사람들과의 만남 마다 주님의 참 뜻을 깨달을 수 있는 분별력을 허락하옵소서.

확신의 이유

너희 안에서 착한 일을 시작하신 이가 그리스도 예수의 날까지 이루실 줄을 우리는 확신하노라 (빌립보서 1장 6절)

아사노 스스무의 『일을 잘 맡긴다는 것』이라는 책의 맺음말에서 리더십의 권위자 존 코터에 대한 이야기를 언급합니다. 존 코터는 리더십에 대하여 정의하기를 "비전을 내걸고 나아갈 방향성을 제시하며 그 방향을 향해 사람들의 마음을 통합하고 멤버들에게 동기를 부여하는 것"이라고 말 합니다. 또한 많은 사람들은 해야 할 일이 많고 직원 관리까지 하면서 조직의 비전을 생각할 여유가 없다고 이야기 하지만 역으로 생각해보면 일을 진행함에 있어서 생각처럼 진행이 되지 않는 이유는 리더에게 비전이 없기 때문이며 푸념을 늘어놓는 이유는 동기가 희박하기 때문이라고 지적 합니다.

내가 속한 공동체가 더 발전하게하기 위해서는 모두가 공감할 수 있는 비전제시 '나는 내가 속한 공동체를 이렇게 만들고 싶다'는 비전을 가지고 이것을 계속 의식한다면 어느새 아름다운 공동체가 되어 있을 것입니다.

그렇다면 그리스도인의 흔들림 없는 비전, 확신의 이유는 무엇일까요?

하나님께서는 하나님의 자녀, 각자에게 목적과 계획을 가지고 창조하셨습니다. 한사람도 목적 없이 그냥 생겨난 사람은 없습니다. 또한 하나님의 뜻은 사람을 도구로 사용하여 이루어 가십니다. 눈에 보이는 아름다운 꽃이 피지 않고 당장의 열매가 없다할지라도 우리의 인생을 이끌어 가시는 신실하신 하나님은 우리가 살아갈 이유요, 뿌리가 되어서 반드시 풍성할 열매를 맺게 하실 것입니다.

 주님을 나의 구주와 주인으로 영접하고 거듭난 순간부터 주님 주시는 사명자로 살아가게 하시고 주님 다시 오실 때까지 맡기신 사명을 이루어 가게 하실 것이며 일하는 자에게 망을 씌우지 않으십니다. 나의 인생의 주어가 '하나님' 이 되신다는 사실이 어떠한 어려움 속에서도 확신을 가질 수 있는 이유입니다.
 승자는 목적과 동기가 뚜렷하기에 실패하더라도 '다시 한 번 해보자' 라고 이야기하지만 사명이 없는 자들은 '해 봐야 별수 없다'고 포기해버립니다. 내 안에 역사하시는 하나님의 뜻이 무엇인지를 돌아보며 확신과 믿음의 신념을 붙드시길 바랍니다.

 *하나님께서 주어가 되는 인생, 사명자로 흔들림 없는 확신 있는 삶을 살아가는 인생이 되게 하옵소서.*

안개를 몰아내는 빛

야곱의 하나님을 지기의 도움으로 삼으며 여호와 자기 하나님에게 자기의 소망을 두는 자는 복이 있도다 (시편 146편 5절)

조던 피터슨 교수는 『질서너머』라는 책에서 인생의 다음단계로 나아가는 12가지 법칙에 대하여 소개합니다. 세 번째 법칙 '그 중 원치 않는 것을 안개 속에 묻어두지 말라'에서는 우리가 타락하는 것이 '자기기만'과 관련 있으며, 마음속의 두려움(배신과 실망 등으로 인한)으로 인하여 자신이 무엇을 원하는지 알려고 하지 않음을 지적합니다.

삶의 여정에서 무엇을 원하고 필요한지를 제대로 밝히지 않으면, 인생의 길에서 중심과 방향을 제대로 잡을 수 없습니다. 마음의 옷장 속에 쓰레기를 쌓아두고 숨기기만 한다면 가장 준비되지 않았을 때 옷장 문이 갑자기 열리면서 그동안 쌓인 것들이 한꺼번에 쏟아져 나와 덮칠 것이라고 말합니다.

우리의 삶에는 숨겨진 위험이 가득합니다. 위험과 마주치기 두려워서 모든 것을 안개 속에 묻어둔다면 외면해오던 것을 뚫고 나가야 하는 상황이 닥쳤을 때 이미 나아갈 힘이 없어 주저앉게 될 것입니다. 그리고 사람을, 현실을, 하나님을 원망하는 안타까운 삶을 살아가게 될 것입니다.

 시편기자는 하나님에게 소망을 주는 자가 복이 있다(시 146:5)고 말씀합니다. 어디로 가야할지 모르는 인생 속에서 하나님께서는 우리의 안개 가득한 삶에 빛을 비추시고 일어날 힘조차 없을 때에도 안아주심으로 그 길을 인도하십니다. 주님의 도우심을 구하고 하나님께 소망을 둔 삶 모든 것이 하나님의 계획표 아래 있다는 것을 인정하십시오. 인생저울의 눈금을 장애물과 위험이 아닌 주님께 소망을 두고, 어렵고 답답한 상황을 외면하거나 그것들을 인생의 안개 속에 묻지 말고 주님께 아뢰며 동행하는 삶, 그 복된 삶을 사시기를 바랍니다.

주님께 시선을 두고 안개를 몰아내는 빛 되신 주님의 인도하심 따라 주님과 동행하는 복된 삶을 살아가게 하옵소서.

와비사비의 삶

우리가 이 보배를 질그릇에 가졌으니 이는 심히 큰 능력은 하나님께 있고 우리에게 있지 아니함을 알게 하려 함이라 (고린도후서 4장 7절)

'완벽하고 단순하며 본질적인 것'을 뜻하는 '와비'와 '오래되고 낡은 것'을 뜻하는 '사비'가 합해진 와비사비는 부족하지만 그 내면의 깊이가 충만함을 의미합니다. 쉽게 설명하자면 오래되고 망가진 상황에서 그 자체로서의 아름다움을 보는 것이라고 할 수 있습니다. 결국 부족해 보이지만 누군가를 의식하며 흔들리는 것이 아닌 자신의 본질적인 삶을 추구하는 것입니다.

와비사비 철학에서 파생한 도자기 기법이 있습니다. 14세기 일본에서 개발된 킨츠기(Kintsugi) 기법입니다. 킨츠기는 '금으로 접합하다'라는 뜻으로 깨지거나 금이 간 조각들을 버리거나 감추어서 수리하는 것이 아니라 깨진 선과 조각의 자리에 금으로 채워 넣는 기법입니다. 이 기법으로 완성된 도자기는 더 견고해지면서 그 자체로 세월의 연륜을 느낄 수 있고 무엇보다 우아하게 느껴지게 합니다.

몰트만은 '모든 사람들은 한계와 약점을 안고 살아가며 부족한 모습으로 태어나 무기력한 모습으로 죽는다'라고 이야기하며 한계와 약점은 계속해서 늘어난다고 이야기 합니다. 그러나 많은 사람들은 자신의 약점과 한계를 드러내는 것을 원하지 않습니다. 어떻게 하면 감출 수 있는지를 고민하고 괜찮은 것처럼 보이기 위하여 살려고 노력합니다.

 대부분의 사람들은 하나님께서 나의 한계와 약함을 완전히 치유해 주시길 원하지만 부유한 가정, 좋은 학벌, 좋은 기술을 가졌던 바울은 신앙이 커질수록 자신의 삶에 드러난 약함이 자신을 위한 하나님의 계획과 뜻의 일부라는 생각을 하게 됩니다. 그리스도 안에서 성숙할수록 약함과 죄성을 더 절실히 깨닫고 하나님의 사랑에 대한 깊은 이해는 결국 자신의 약점을 피하지 않고 그대로 끌어안음으로 주님으로 설명되는 인생, 그리스도 안에서 더 강해진 인생을 살아갑니다.

 누구나 이 땅에서 살아가면서 자신이 주인공이 되어 살아간 이야기가 존재합니다. 살아온 만큼이 삶이고 삶은 시간이며 생명입니다. 약할 때 강함이라 고백했던 사도 바울의 고백이 우리의 간증이 되길 바라며 깨지고 금이 간 도자기를 최고의 예술가 하나님께서 손수 금으로 채우심을 기대하며 세상의 시선에 흔들리는 인생이 아닌 고귀한 삶을 살아가시길 바랍니다.

 *실수하고 실패하는 연약하고 부족한 인생이지만 나의 한계와 연약함마저도 사용하셔서 일하시는 하나님을 기억하며 살아가게 하옵소서.*

마음을 잡는 삶

그런즉 선줄로 생각하는 자는 넘어질까 조심하라 (고린도전서 10장 12절)

 집에서 교회로 오는 길, 반포IC에서 고속터미널 출구로 나오면 늘 이목을 집중시키는 것이 있습니다. 다름 아닌 방음벽에 붙은 시커먼 독수리 스티커입니다. 아파트에 인접한 고속도로의 소음을 막기 위하여 방음벽을 설치하는데 두꺼운 유리로 되어 있어 날아가던 새들이 충돌하여 죽는 경우가 많습니다. 그래서 새들의 안타까운 죽음을 막고자 독수리나 매와 같은 그림을 붙여놓는 것입니다. 그러나 그것도 큰 효과를 얻지 못한다고 합니다. 유리에 붙어있는 독수리는 종이호랑이 같기에 대부분의 새들은 겁을 내지 않고 날아가다 충돌합니다. 안타까운 죽음을 맞는 새들을 보며 '조금 조심했더라면' 이라는 마음을 가지며 소음도 줄이고 새들도 살리는 방법은 없을까 고민해보았습니다.

 조심(操心)을 한자 그대로 풀이하면 '마음을 잡는다' 입니다. 즉 위기와 환란을 앞에 두고 생기는 '두려움'이 아니라 '위기와 환란을 인식하고 경계하며 마음을 잡는 것' 입니다.

 우리의 신앙생활에서도 조심하는 모습이 필요합니다. 우리는 은혜 받은 자들로 하나님의 보호 아래 살아가지만 교묘하게 하나님이 원하시지 않는 생각과 행동 그리고 불평하는 모습들이 드러나 신앙생활이 무너지는 경우가 있습니다. 따라서 사도 바울은 서있다고 생각하는 사람은 넘어지지 않도록 조심할 것을 당부합니다.

 우리가 마음을 잡는다는 것은 쉬운 일이 아닙니다. 조금씩 신중하게 마음을 잡으려고 노력합니다. 그러나 무너지고 있다는 것을 알아차릴 때에는 늦습니다. 늘 깨어서 나의 기쁨을 앗아가는 것들이 무엇인지 내가 불평하는 것이 무엇인지를 돌아보아 풀어진 마음을 잡는 삶 '조심의 삶'을 사시길 바랍니다.

어려운 상황을 바라보며 흔들리는 마음을 붙들 수 있는 믿음을 주시고, 삶의 기쁨이 사라졌다면 옷깃을 여미고, 기쁨의 근원되시는 주님을 바로 바라보게 하옵소서.

보배를 담은 질그릇

우리가 이 보배를 질그릇에 가졌으니 이는 심히 큰 능력은 하나님께 있고 우리에게 있지 아니함을 알게 하려 함이라 (고린도후서 4장 7절)

 명수현 작가께서 쓴 '월간 집'이라는 드라마에서 '집은 인생을 담은 그릇'이라고 소개합니다. 요즘 사람들에게 집은 재산의 잣대이며 심지어는 자신의 서열이나 위치가 된 것 같은 느낌을 갖게 하는 이때에, 인생을 담은 그릇으로 집을 이야기 하는 것을 보며 저의 인생이 담겼던 집을 생각해보게 되었습니다.

 시간이 지날수록 그리움의 대상이 예전에 함께 했던 어떤 이가 아니라 행복했었고 때론 힘들지만 잘 이겨내려고 했었던 예전의 나로 바뀌어 감을 보며 과거의 저의 추억을 담은 그 집들은 없어지고 오래되어 낡게 되었지만 제 마음속엔 아름다운 그릇으로 마음에 새겨져 있음에 웃음을 짓게 합니다.

 사도 바울은 구원의 복음과 주님이 주신 사명을 보배로 자신을 질그릇이라고 비유하며 이야기 합니다. 질그릇은 깨어지기 쉽고 그 자체로는 볼품이 없습니다. 이는 인간의 한계와 나약함을 이야기 합니다. 그러나 볼품없는 질그릇에 무엇이 담겼는지에 따라 그것은 밥그릇이 되기도 하고 과일그릇, 국그릇이 되기도 합니다. 바울은 자신은 연약한 질그릇이지만 그것에 집중하고 있는 것이 아니라 그 그릇에 담긴 예수 그리스도와 그분이 주신 소명을 내세우고 있습니다.

질그릇 같은 우리를 구원하신 하나님께서는 그릇 자체를 금그릇이나 은그릇으로 바꾸시겠다고 하지 않으십니다. 그릇이 어떠하든 세상 최고의 가치인 예수그리스도의 복음 '심히 큰 능력'이 우리에게 있기 때문입니다.

예수님을 믿으면 이 땅에서의 집은 잠시 머무는 장막에 불과합니다. 영원한 우리의 집은 예수님께서 십자가에 죽으심으로 우리에게 예비하신 천국입니다. 예수님을 담은 그릇으로 더 나은 본향인 천국을 소망하며 살아가시길 바랍니다.

예수그리스도의 복음을 마음에 담게 하시고 예비하신 천국을 소망하며 살아가게 하옵소서.

삶의 의미

진리를 알지니 진리가 너희를 자유롭게 하리라 (요한복음 8장 32절)

 세계 심리학의 3대 거장인 아들러는 『아들러 삶의 의미』라는 책에서 사람의 견해가 경험을 어떻게 해석하고 행동하게 하는지를 이야기 합니다. 즉 자신의 견해가 삶을 바라보는 방식을 만들고 그것은 경험을 통해 강화된다는 것입니다. 아들러에 의하면 개인이 공동체, 일, 사랑이라는 삶의 큰 과제를 성공적으로 대하는 토대가 공동체의 감정인데 이는 저절로 혼자만의 능력으로 해결할 수 있는 것이 아니라 함께 할 때에 가능합니다. 그렇기에 처음으로 만나게 되는 어릴 적 어머니와의 접촉과 유대 관계가 얼마나 중요한지를 이야기 합니다.

 하나님께서는 이 땅에 우리를 보내시고 그분의 뜻에 따라 우리를 자녀삼기로 예정하셨습니다. 그리고 그 유효한 부르심으로 우리가 주님을 인격적으로 체험적으로 경험하게 됩니다. 이것이 거저주신 하나님의 은혜입니다. 삶에 즐거움이 사라지고 공허와 고통가운데 있다면 하나님께서 이 땅에 여러분을 보내신 이유에 대하여 재조명해 볼 시간입니다. 내게 주어지지 않은 무언가를 생각하며 불평과 원망을 늘어놓기보다 주어진 무언가에 가치를 부여해 삶의 의미를 찾아야 합니다.

십자가를 통과한 기쁨 거룩한 부담을 통해 얻어지는 굳건한 믿음, 단회적인 쾌락이 아닌 지속적인 기쁨을 위한 선택을 하는 비극적 낙관(Tragic Optimism)을 갖는 것은 큰 의미가 있습니다. 가난과 궁핍, 질병과 고통, 사랑과 자유의 상실, 늙음과 죽음의 두려움은 우리를 옭아매는 것 같습니다. 이러한 것들은 우리의 힘으로 벗어날 수 없는 원초적인 두려움입니다.

 진리는 우리를 진정한 자유로 안내하며 진정한 삶의 의미는 하나님 안에서 찾을 때 가치가 있습니다. 우리는 특별하고 고유한 영적 존재이며 이것을 인식하고 있다는 것이 큰 은혜입니다. 하나님의 말씀에는 자유함이 있습니다. 말씀에 근거하여 자신을 바라보고(자기객관화) 예수님의 사랑을 인격적으로 경험했을 때에 초월적인 사랑과 참된 나눔이 가능합니다. 말씀은 추상적이며 개념적인 진리가 아니라 예수님 자신을 통하여 계시된 말씀이며 구체화된 진리입니다. 그렇기에 없는 사실을 믿는 자가 아니라 말씀이 육신이 되어 보이신 예수님의 삶을 통하여 진리가 무엇인지 알게 되고 이를 통하여 자유를 얻게 됩니다.

 현실을 뛰어넘는 하나님이 주시는 참 자유를 누리며 우리에게 주어진 삶의 모든 영역이 아직 가진 않았지만 이미 예비하신 천국과 같게 마음을 붙들어 주옵소서.

하나님 앞에서

아브람이 구십구 세 때에 여호와께서 아브람에게 나타나서 그에게 이르시되 나는 전능한 하나님이라 너는 내 앞에서 행하여 완전하라 (창세기 17장 1절)

백범 김구 선생께서 이런 이야기를 했습니다.

> 돈에 맞춰 일하면 직업이고 돈을 넘어 일하면 소명이다
> 칭찬에 익숙하면 비난에 마음이 흔들리고
> 대접에 익숙하면 푸대접에 마음이 상한다
> 문제는 익숙해져서 길들여진 내 마음이다
> 집은 좁아도 같이 살 수 있지만 사람 속이 좁으면 같이 못 산다

이 이야기는 경제적, 물질적 가치가 중요시되는 지금의 상황에 일침을 가하는 이야기라는 생각이 들었습니다. 내가 취하는 물질의 정도가 나의 가치가 되어버린다는 생각은 자신을 스스로 저평가해버리는 과오를 저지르게 되고 얻어지는 물질적 가치 정도만 일하면 된다는 생각은 스스로의 자존감을 갉아먹게 되는 안타까움에 처하게 됩니다. 또한 주변의 평가에 너무 예민하게 반응하여 '나'라는 존재를 스스로 한정 짓고 유력한 누군가에게 잘 보이기 위한 몸부림은 스스로의 가치를 평가절하 하는 것입니다.

하나님께서는 아브라함과 언약을 맺으시고 '고귀한 아버지' 라는 뜻의 아브람에서 '열국의 아버지'라는 뜻의 아브라함으로 그의 이름을 바꿔주시며 믿음의 조상, 복의 근원이 될 것임을 약속하셨습니다. 그리고 그 조건은 '내 앞에서 행하여 완전하라'는 것이었습니다.

 하나님의 부르심에 아브라함은 순종했고 '내 앞에서 행하여 완전하라'는 하나님의 말씀에 순종한 아브라함은 넘어지기도 했고 실수도 했지만 그의 삶의 기준은 세상이 아닌 하나님 앞에서의 기준이었기에 믿음의 조상으로 세워졌습니다.

 하나님께서는 우리에게 사명을 주셨습니다. 나의 가치를 스스로 낮추는 것은 바보같은 짓입니다. 하나님의 은혜를 경험하였다면 하나님 앞에서 귀하게 쓰임 받는 것에 대한 기대와 설렘을 가지고 살아가야 합니다. 은혜는 박재된 과거의 기억이 아니며 또한 그저 시간이 지나면 알아서 오는 것이 아닙니다. 지금 하나님 앞에 대면하여 바로 설 때 우리 안에 하나님의 은혜가 시작 됩니다.

 *하나님 앞에서 하나님 기준에 맞는 삶을 살아내고자 결단하게 하시며 사명자로 살아가시길 축복합니다.*

흥부의 부흥

너희를 저주하는 자를 위하여 축복하며 너희를 모욕하는 자를 위하여 기도하라 (누가복음 6장 28절)

 교회에 설치된 승강기를 타면 작은 모니터로 이전에 성가대에서 불렀던 찬양 영상이 나옵니다. 승강기를 타고 거울을 보고 있는데 거울 뒤로 보이는 찬양의 제목을 보며 큰 웃음을 짓게 되었습니다. '부흥'이라는 제목의 찬양을 하였는데 거울에 반사되어 찬양의 제목이 '흥부'라고 보였기 때문입니다. 우연히 발견한 광경이었지만 흥부와 부흥이라는 말이 많은 연관이 있음을 깨닫게 되었습니다.

 우리가 잘 알고 있는 흥부와 놀부 이야기를 보면 흥부는 가난하지만 선량하고 착하고 욕심이 없습니다. 부모와 어른을 공경하고 본인도 없으면서 더 가난한 사람을 위하여 밥을 덜어주고, 남의 일을 하루 종일 도와주고도 사정이 딱하여 한 푼도 받지 못하기도 합니다. 지금의 시대에 흥부와 같이 살고 싶다고 생각하는 사람은 거의 없을 것입니다. 오히려 그렇게 일하고 착하게 사는데 가난한 흥부가 답답하고 바보같아 보입니다. 그런데 성경에서도 예수님께서는 '흥부같이 바보같은 삶'을 살 것을 말씀하십니다.

예수님께서는 앞서 복 있는 자와 화 있는 자에 대하여 언급하시며 현실의 삶에 만족할 것이 아니라 영원한 삶을 위하여 살아가야 한다고 말씀하셨습니다. 누가복음 6장의 말씀을 통하여 영원한 것을 위하여 살아가는 자들은 그리스도로 인하여 필연적으로 핍박을 받게 되는데 그때에 핍박하는 자를 미워하고 저주할 것이 아니라 사랑으로 선대하며 축복하고 기도할 것을 말씀하십니다.

 그럴 수 있는 이유는 우리가 먼저 하나님의 절대적인 아가페의 사랑을 경험했기에 가능한 것입니다. 하나님의 사랑은 세상의 사랑을 초월한 사랑입니다. 세상 사람이 보기에는 바보같아 보일 수 있지만 생각해보면 세상에서 진짜 바보는 죄인 된 인간을 구원하시기 위하여 하늘의 영광을 버리고 인간의 몸으로 한없이 낮아지신 예수님입니다.
결국 예수님의 사랑, 십자가에 죽으시면서까지 우리를 사랑하신 그 사랑을 알기에 바보의 삶을 살아갈 수 있습니다. 영적으로 흥부같은 주님의 자녀들이 많을 때 부흥은 가능합니다. 바보같은 헌신과 눈물의 기도로 교회는 굳건히 세워집니다.

초월적인 주님의 사랑을 경험한 자로 헌신의 기쁨을 주시고 눈물의 희생과 간절한 기도를 통해 주님나라가 확장되게 하옵소서.

가치 있는 인생

내가 너와 함께 있어 네가 어디로 가든지 너를 지키며 너를 이끌어 이 땅으로 돌아오게 할지라. 내가 네게 허락한 것을 다 이루기까지 너를 떠나지 아니하리라 하신지라 (창세기 28장 15절)

　세상의 사람들을 문제없는 보통의 삶을 살아간 사람과 스펙터클한 사건들을 겪으며 살아간 사람으로 나눌 수 있다고 생각하는 사람들이 있습니다. 곰곰이 생각해보면 누구나 자신만의 스토리를 가지고 있고 그 스토리들이 모여서 그것이 그 사람 자신이 됩니다.
　세상에 사람들을 두 가지 부류로 나눈다면 자신의 스토리를 누군가에게 잘 이야기 할 수 있고 꼭 들려주어야만 하는 사람과 자신의 스토리를 누군가에게 드러내는 것을 두려워하고 숨기려는 사람으로 나눌 수 있을 것입니다.

　삶을 포기하고 싶다고 생각하는 사람들의 공통점은 자신이 가치가 없다고 여기는 것입니다. 자신이 가치 없는 인생을 살아간다고 여기기에 살아야 할 이유도 삶의 의미도 찾지 못하고 마냥 시간이 지나가는 대로 살아지는 삶을 살아갑니다.
　인디언들은 말을 타고 급히 가다가도 어느 순간 가던 길을 멈추고 말에서 내려 뒤를 바라봅니다. 너무 급히 달려서 정말 중요한 것을 놓치지는 않았는지 돌아보기 위해서입니다. 우리는 무엇이 삶의 진정한 가치이며 중요한 것인지를 매순간 질문해야 합니다. 세상의 우선순위와 손익기준을 따지며 분주하게 살아가는 것보다 삶의 의미와 목적을 알고 순종의 삶 정돈된 본질의 삶을 따라가는 것은 너무나도 중요하기 때문입니다.

 누구보다 바쁘고 열심히 살아온 것 같은데 무엇을 위한 삶인지 찾을 수 없어 공허함으로 다가오며 많은 군중 속에서 웃고 떠들며 이야기를 나누지만 마음 속 한켠이 비어 있는 듯 한 상황이 반복된다면 나의 계획과 생각, 욕심을 버리고 하나님의 말씀으로 채우십시오. 공허함과 허무한 인생에 소망을 두고 역사하시는 하나님의 은혜로 가득 찰 것입니다.

 하나님께서는 창세기 28장의 말씀을 통하여 야곱에게 '네가 어디로 가든지 지킬 것이며 내가 네게 허락한 것을 다 이루기까지 떠나지 아니하리라'고 약속하십니다. 하나님께서는 혹 스스로 가치 없다고 느끼며 감추고 싶은 과거들을 가진 여러분에게 소망을 가지고 뜻 한 바를 반드시 이루십니다. 그리고 그 사명을 다 이루기까지 함께 하시는 분이십니다.

 똑같은 일상이란 없습니다. 흐르는 강물도 귓가를 스치는 바람도 늘 새로운 것입니다. 오늘을 살아가는 이 순간은 늘 처음 만나는 순간입니다. 여러분은 힘들고 어려운 상황 속에서 마침내 승리하게 하신 하나님을 경험하시고 누군가에게 반드시 전해야만 할 스토리가 있으십니까? 하나님께 붙들린 인생, 하나님께서 늘 같이 하셨던 인생, 그 자체만으로 여러분은 가치 있는 인생을 살고 계시는 것입니다.

　　주님 안에서 삶의 의미와 목적을 알게 하시고 세상풍파에 흔들리는 인생이 아닌 가치 있는 복된 삶을 살아가게 하옵소서.

영의 언어

여호와여 내 입에 파수꾼을 세우시고 내 입술의 문을 지키소서 (시편 141편 3절)

  가정은 하나님의 신성한 작품이며 창조사역의 절정이고 아름다운 면류관입니다. 행복한 가정을 이룸에 있어 대화는 큰 역할을 감당합니다. 그러나 많은 사람들이 사랑하는 사람들과의 바른 대화의 방법을 모르고 본의 아니게 상처를 줄때가 있습니다. 대화를 시도하지만 더 큰 충돌이 생길 것 같아 더 이상 대화를 이어가지 않고 티비나 스마트폰의 무분별한 사용으로 대화를 멀리 합니다.

  캘리포니아 대학교 심리학과 앨버트 메라비언 교수는 상대방에 대한 인상과 호감을 결정하는데 목소리는 38%, 표성과 몸짓은 55%의 영향을 미치지만, 말의 내용은 겨우 7%만 작용한다는 결과를 내었습니다. 즉, 아름다운 소통을 위해서 말보다 비언어적인 요소인 시각과 청각에 큰 영향을 받는다는 것입니다. 강연을 들을 때에 그 내용은 20% 정도만 남게 되고 강연자의 목소리와 감정표현, 진심을 담은 눈빛, 손짓, 발짓이 그 사람을 더 잘 전달하게 된다는 것입니다. 역사적으로 영의 언어를 가장 잘 사용하신 분은 단연코 예수님이십니다. 간음한 여인에게 따뜻한 눈길과 몸의 언어로 생명을 구원하시고, 어린아이를 안으시고 축복하셨으며, 병자들의 아픔에 공감하시고 바라보시고 만지시므로 치유하셨습니다.

다윗은 하나님께 자신이 입술에 파수꾼을 세우셔서 입술의 문을 지켜 달라고 하나님의 도우심을 간청합니다. 입술에 파수꾼을 둔다는 것은 독이 되는 악한 말을 하지 말고, 덕을 세우는 영의 언어를 사용하게 해달라는 부르짖음입니다. 30초의 말이 가슴에 맺히는 30년이 될 수 있습니다. 말은 그렇게 무섭고 영향력이 있습니다.

영의 언어는 믿음으로 상황을 재해석하는 '긍정적인 말', 사소한 일에도 감사함을 표현하는 '감사의 말', 귀로 먹는 보약이라 불리는 '칭찬의 말'입니다. 영의 언어를 사용함으로 듣는 이나 말하는 이에게 기쁨과 감사로 채워지는 순간들을 보내시길 바랍니다.

 공감의 눈빛과 사랑의 마음이 담긴 행동으로 찾아가시고 회복시키신 예수님을 닮아 영의 어를 사용함으로 주님 사랑을 흘러가게 하는 통로로 사용하여 주옵소서.

명령과 약속

내가 네게 명령한 것이 아니냐 강하고 담대하라 두려워하지 말며 놀라지 말라 네가 어디로 가든지 네 하나님 여호와가 너와 함께 하느니라 하시니라
(여호수아 1장 9절)

 말은 사람들과 지속적인 관계를 위하여 결정적인 역할을 합니다. 마음에 상처를 주는 말을 하는 사람들은 '나는 틀린 말은 안 한다'고 '솔직하기 때문에 하는 이야기'라고 자기 스스로를 변호합니다. 그들은 주로 명령이나 지시, 비난하며 거친 표현을 사용하기도 합니다. 그런 말들이 하는 이유는 생각하고 원하던 결과가 나오지 않았는데 그것을 받아 드릴 수 없다면 마음의 분노가 혀를 통하여 분출되는 것입니다. 상대방이 내가 기대하고 생각했던 모습에 부합하지 못한 모습을 보면서 마음속에 담아둔 깊은 답답함은 결국 상대방을 죽이는 말로 나오게 되는 것입니다.

 신실하신 하나님께서는 그의 백성에게 명령하십니다. 아브라함에게 내가 지시할 땅으로 가라고 하시고(창 12:1) 모세의 후계자로 세워진 여호수아에게는 두려워하지 말라고 하십니다. (수1:9) 그러나 하나님의 말씀은 단순한 명령이나 지시로 끝나지 않았습니다.

하나님께서는 믿음의 여정을 시작하는 아브라함에게 큰 민족을 이루고 창대케 되며 모든 족속의 복의 통로가 될 것을 약속하셨고 지도자로서 두려움에 가득 차있는 여호수아에게는 두려워하지 않을 이유에 대하여 네가 어디로 가든지 함께 하실 것이라고 약속하셨습니다. 하나님은 단순히 명령이나 지시, 어떤 결과를 낸 것에 대한 평가를 하신 것이 아니라, 기다려주셨고 공감하셨으며 마음을 진정으로 위로 할 수 있는 약속의 말씀으로 함께 하셨습니다.

 하나님의 약속은 우리의 상태와 상관없이 이루어 가십니다. 우리를 위로하고 축복하시며 바른길로 인도하시는 그분의 명령은 우리의 삶의 자리에서 열매 맺는 힘이 있습니다.

우리가 어떠하든 죽으시기까지 사랑하시는 주님을 바라보며 우리와 영원히 함께하신다는 약속의 말씀을 붙들고 열매 맺는 행복한 동행의 삶을 살아가게 하옵소서.

좋은 땅에 떨어진다는 것

더러는 좋은 땅에 떨어지매 어떤 것은 백 배, 어떤 것은 육십 배, 어떤 것은 삼십 배의 결실을 하였느니라 (마태복음 13장 8절)

아네스 안은 『프린세스, 라브라바』라는 책에서 이렇게 이야기를 합니다.

> 곰팡이가 있어서 어둡고 지저분한 게 아니라
> 어둡고 지저분해서 곰팡이가 생긴다는 것을 깨달았다.
> 좋은 일이 생겨야 긍정적인 사람이 되는 게 아니라
> 긍정적인 생각과 행동을 해야 좋은 일이 생긴다.

어떤 마음으로 생각하느냐에 따라서 그 결과는 극명한 차이를 가져온다는 것을 알 수 있습니다. 우리가 하나님의 말씀을 받아들이는 것도 마찬가지입니다. 어떤 이는 말씀을 온전히 마음에 받아들이고, 어떤 이는 같은 말씀을 들어도 받아들이기가 쉽지 않습니다. 왜 그런 차이가 생기는 것일까요? 그리고 복음을 받아드리고 결실하는 비결은 무엇일까요?

예수님께서는 씨 뿌리는 비유를 통하여 천국에 대하여 말씀하십니다. 당시에 팔레스타인 지역의 농사는 우리나라의 농사법과는 차이가 있었습니다. 우리나라는 전통적으로 밭을 갈고 난 후에 씨를 뿌렸다면, 팔레스타인은 씨를 뿌리고 밭을 갈았습니다. 육안으로 보기에 똑같은 땅처럼 보여서 모든 땅에 골고루 씨를 뿌리지만, 단단하게 굳은 길가에 뿌려진 씨는 싹이 나지 않고 이내 죽어버리기도 하고, 돌멩이나 가시덤불이 가득한 곳에 뿌려진 씨는 온전하게 자라니 못하고 결국 죽게 되기도 합니다.

하나님의 말씀은 그 자체로 능력이 있습니다. 하나님의 말씀을 듣고 결실할 수 있는 비결은 '좋은 땅'에 떨어지는 것인데, 이는 식물이 뿌리내리고 자라기 위하여 돌과 잡초가 제거된 수분과 햇볕이 제공되는 옥토를 가리킵니다. 결국 옥토의 마음은 착하고 좋은 마음 즉, 진리에 대한 갈망을 가지고 말씀을 듣고 세상의 염려나 재리의 유혹을 물리치고 주님께 소망을 둔 인내의 마음으로 결실하는 자를 의미합니다. 여기서 '결실하였다는' 말은 미완료시제를 사용함으로써 완성되었다는 의미가 아니라 계속적인 열매 맺음을 뜻합니다.

어떤 것도 나의 삶을 대신해 줄 수 없습니다. 내가 좋은 밭이 되려면 갈급한 마음으로 하나님의 말씀을 듣고, 세상적인 가치관이 아닌 주님께 시선을 두고 인내함으로 마음을 돌봐야합니다. 착하고 좋은 마음, 인내의 마음으로 풍성한 결실을 맺으시길 바랍니다.

 주님의 말씀을 향한 간절함과 갈급함을 허락하셔서 성령의 단비를 내리시고, 세상의 것이 아닌 주님께 집중하여 풍성한 결실을 맺는 삶을 살게 하옵소서.

PART 2
코로나의 상황에서

믿음을 어떻게 알 수 있는가?

그의 계명을 지키는 자는 주 안에 거하고 주는 그의 안에 거하시나니 우리에게 주신 성령으로 말미암아 그가 우리 안에 거하시는 줄을 우리가 아느니라
(요한일서 3장 24절)

 코로나가 발생하고 생각할 시간이 많아지면서 조용히 믿음을 돌아보게 되었습니다. 현장에서 마음껏 예배드리는 것이 어렵고 매스컴을 통하여 들리는 교회를 향한 부정적인 기사들은 믿음의 근간을 요동치게 하는 느낌을 갖게 하기도 합니다.

 이럴 때일수록 자신의 믿음의 삶을 돌아보며 '나는 그리스도인으로서의 삶을 잘 살고 있는 것일까?'라는 질문과 동시에 '믿음대로 산다는 것을 어떻게 알 수 있을까?' 라는 의문을 갖게 됩니다. 2000년 전 요한은 이 문제를 염두해 두고 요한일서를 기록했습니다.

 요한은 그리스도인은 각자 내주하시는 성령을 통하여 자신의 존재가 나타날 것이라 말하면서(요일 3:24) 성령의 일하심을 통하여 하나님을 더 사랑하게 되고 그분이 기뻐하시는 일을 하고 싶어지며(요일 5:3) 시험을 당할 때에 그리스도께서 도와주심을 경험하고 어려움을 극복해 나가게 되며(요일 5:4) 그리스도

께 속한 성도들에게 친밀함을 느끼게 되며(요일 3:13,14) 세상의 복이 아닌 하나님의 뜻을 구하는 기도로 변하게 된다고 이야기 합니다.

 십자가를 지실만큼 사랑하시고 그분께 스스로 나아갈 때까지 인내로 기다리시는 예수님이시지만 우리는 예수님을 받아드리기보다 머뭇거릴 때가 많습니다. 너무 큰 대가를 치러야 하며 지속적으로 신앙생활을 하기 위하여 포기해야 할 것들이 크게 보이기 때문입니다. 그리스도인이 된다는 것은 사실에 대한 동의 뿐 아니라 한 인격에 대한 전적인 신뢰와 비로소 온전히 그분께 내어 맡기는 것(의탁)입니다. 이러한 고백은 어떤 상황 속에서도 동행하는 예수그리스도로 인하여 기쁨의 삶을 살게 합니다. 그리고 그 기쁨을 누리기 위하여 존 스토트는 『그리스도인의 되는 길』이라는 책을 통하여 말씀을 가까이하고 기도의 시간을 정하고 혼자만의 신앙이 아닌 그리스도인과 교제를 하며 지속적인 믿음의 성장을 위하여 힘쓰라고 권면합니다.

 실수하고 넘어지기도 하지만 실망할 필요는 없습니다. 지금 믿음의 길을 걸어가는 중이며 하나님은 여러분을 통하여 그분의 목적을 이루어 가실 것이기 때문입니다.

눈앞에 모든 현실적인 과제도 결국 승리케 하시는 주님이심을 고백합니다. 불투명한 미래 앞에 염려를 내려놓게 하시고 나의 앞길을 인도하옵소서.

세상의 소금으로 산다는 것

너희는 세상의 소금이니 소금이 만일 그 맛을 잃으면 무엇으로 짜게 하리요 후에는 아무 쓸 데 없어 다만 밖에 버려져 사람에게 밟힐 뿐이니라 (마태복음 5장 13절)

하나님께서는 그리스도인을 소금이라고 말씀하십니다. 소금은 음식물을 분해하고 신진대사를 촉진시키며 혈관을 건강하게 하며 위와 장벽에 붙은 불순물을 제거하고 해독, 살균, 해열, 및 지열 작용을 하는 등 죽은 세포를 빠르게 회복시킵니다. 그러나 소금이 만들어지는 것은 쉬운 일이 아닙니다. 비옥한 갯벌에 햇볕과 바람이 만나 긴 기다림의 시간을 지나야 생성되기 때문입니다.

류시화 시인은 '소금'이라는 시에서 이렇게 이야기 합니다.

> 소금이 바다의 상처라는 걸 아는 사람은 많지 않다.
> 소금이 바다의 아픔이란 걸 아는 사람은 많지 않다.
> 세상의 모든 식탁 위에서 흰 눈처럼 소금이 떨어져 내릴 때
> 그것이 바다의 눈물이라는 걸 아는 사람은 많지 않다
> 그 눈물이 있어 이 세상 모든 것이 맛을 낸다는 것을…

바다에 3%만 있어도 바다를 썩지 않게 하는 소금의 생성은 바

다의 상처와 아픔과 눈물의 결과입니다. 코로나 이후에 세상은 교회와 그리스도인을 향하여 뜨거운 폭염보다 더 따가운 세상의 부정적인 시선으로 우리를 주목하고 있습니다.

'너희는 세상의 소금이다' 라고 하신 예수님의 말씀을 가슴깊이 생각하며 겸손한 마음으로 눈물로 기도하는 그리스도의 사랑의 짠맛을 잃지 않기 위한 몸부림이 필요합니다. 그것은 바로 주님의 뜻을 구하는 절박하고 절실한 눈물의 기도는 아닐까요?

코로나 이후에 그리스도인으로 마음을 지키기가 어려운 이때에 주님의 뜻을 분별 할 수 있는 지혜를 주시고 주님의 사랑과 은혜를 드러낼 수 있는 담대함과 믿음을 주옵소서.

하나님의 카이로스

너는 말씀을 전파하라 때를 얻든지 못 얻든지 항상 힘쓰라 범사에 오래 참음과 가르침으로 경책하며 경계하며 권하라 때가 이르리니 사람이 바른 교훈을 받지 아니하며 귀가 가려워서 자기의 사욕을 따를 스승을 많이 두고 또 그 귀를 진리에서 돌이켜 허탄한 이야기를 따르리라 (디모데후서 4장 2-4절)

그리스를 여행하다보면 '기회'라는 이름을 가진 동상을 본 적이 있습니다. 벌거벗은 사람의 모양을 한 동상의 앞머리는 머리숱이 무성하고 뒷머리는 완전한 대머리이며 양발 뒤꿈치에는 날개가 달려있고 한 손에는 저울을 쥐고 있으며 다른 한 손에는 칼을 들고 있습니다.

동상 아래 새겨진 글에서 다음과 같이 이야기 합니다.
'벌거벗은 이유는 쉽게 눈에 띄기 위함이고 앞머리가 무성한 이유는 내가 나타났을 때 사람들이 나를 쉽게 붙잡을 수 있도록 하기 위함이며 뒷머리가 민머리인 이유는 내가 지나가고 나면 다시는 나를 잡을 수 없게 하기 위함이요 손에 들고 있는 칼과 저울은 나를 만났을 때 신중하게 판단하고 신속하게 의사 결정을 하라는 뜻이다. 등과 발에 날개가 달린 이유는 최대한 빨리 사라지기 위함이다.'

코로나로 인하여 여러 가지 제약을 받음에 있어서 어쩌면 우리는 수많은 기회들을 놓쳤을지 모릅니다. 마스크를 착용하는 것은 나의 주장을 내려놓고 하나님의 음성에 더 귀 기울이라는 뜻이었을지도, 코로나로 인하여 집에서 머물러야하는 것은 그동안 바쁘다는 핑계로 하지 못했던 사랑하는 가족과 대화의 시간을 가지라는 뜻이었을지도, 교회당에 모여 마음껏 예배드릴 수 없는 것은 언제 어디서나 각자의 처소가 은혜의 처소가 되게 하고 상황을 뛰어넘어 하나님만을 바라보라는 뜻이었을지도 모릅니다.

여러 가지 답답한 상황 속에서 혼란스러운 세상에서 세상의 소리에 귀를 기울이는 것이 아니라 지금도 우리와 함께하시며 일하시는 하나님이심을 기억하시고 코로나로 답답하고 어려운 상황 속에서 우리가 잡을 수 있는 '영적 기회'가 무엇인지를 분별하길 바랍니다.

언제나 우리와 함께하시며 동행하시는 하나님의 인도하심을 기억하며 코로나의 상황을 믿음의 눈으로 바라보게 하시고 주님의 마음을 알게 하옵소서.

불효자는 웁니다

그러므로 우리는 긍휼하심을 받고 때를 따라 돕는 은혜를 얻기 위하여 은혜의 보좌 앞에 담대히 나아갈 것이니라 (히브리서 4장 16절)

진방남 이라는 원로가수가 부르고 나훈아, 이미자 최근에는 정동원 군 등 여러 가수가 불러서 더 유명해진 '불효자는 웁니다' 라는 노래가 있습니다.

코로나확산 방지를 위하여 거리두기가 시행되면서 명절을 맞아 고향에 내려오는 것을 자제해 달라는 의미를 담아 '불효자는 웁니다' 라는 노래제목을 패러디한 '불효자는 옵니다' 라는 글귀가 적힌 현수막을 보았습니다. 전 국민이 코로나확산을 방지하기 위하여 노력하고 있는 이때에 아무래도 많은 사람들이 움직이면 어려움을 겪을 수도 있기에 자제해 달라는 취지에서 생겨난 것입니다.

'불효자는 웁니다'라는 노래의 가사는 이렇습니다.

불러봐도 울어봐도 못 오실 어머님을
원통해 불러보고 땅을 치며 통곡해요.
다시 못올 어머니여 불효한 이 자식은
생전에 지은 죄 엎드려 빕니다.

그러나 주님 보시기에 아무런 자격 없는 우리를 사랑하시고 살리신 주님의 은혜를 생각해보면 '불효자는 웁니다' 라는 말보다 '불효자는 웁니다' 라는 말이 더 잘 어울립니다.

하나님께서는 무자격한 우리를 사랑하셔서 구원하셨지만 우리의 실상은 행동과 생각으로 그리고 입술로 많은 죄를 지면 살아갑니다. 연약하여 쉽사리 넘어지고 주님을 멀리할 때가 많습니다. 어쩌면 히브리서 기자가 말씀한 '은혜의 보좌 앞에 담대히 나간다' 는 말은 '자격 없지만 그럼에도 뻔뻔하게 나간다'라고 해석하는 것이 마음에 더 와 닿는 것 같습니다. 여전히 우리를 사랑하시는 예수님. 그럼에도 불구하고 우리를 사랑하시는 예수님으로 인하여 우리는 하나님께 죄송스럽고 뻔뻔하지만 나아 갈 수 있습니다.

부족하고 연약한 우리를 그럼에도 사랑하시고 손잡아 주시는 주님이심을 고백합니다. 부족한 내 모습을 그대로 받으시는 하나님을 붙들 게 하시고 주님주시는 평안과 자유함을 주옵소서.

생각해보면(Think)
감사하게 됩니다(Thank)

아무 것도 염려하지 말고 다만 모든 일에 기도와 간구로 너희 구할 것을 감사함으로 하나님께 아뢰라 (빌립보서 4장 6절)

 더워진 날씨에도 코로나 때문에 벗을 수 없는 마스크로 답답함을 느끼는데 비까지 내려 불쾌지수가 상당히 높았던 어느 날이었습니다. 제 마음을 사르르 녹게 하는 무언가가 있었습니다. 바로 자동차 뒷유리에 붙어있는 작은 꽃이었습니다. 어디에서 떨어져 붙었는지 알 수 없지만 외출을 하고 돌아오는 내내 꽤 빠른 속도로 달려왔음에도 불구하고 떨어지지 않고 딱 달라붙어서 저희 집까지 쫓아왔습니다. 그렇게 작은 꽃 하나가 저를 위로 하는 듯 했습니다.

 김경집님의 '마흔 이후 이제야 알게 된 것들'에 보면 이런 문구가 있습니다.

> 절망의 바닥을 친 사람이 평범한 일상에 더 감사한다. 있을 때 잘하라는 말이 가슴에 사무칠 때가 있다. 불우한 이를 보고 나의 처지를 감사하는 것은 비겁하다 어느 하루 허튼 날이 있으랴

생각해보면 비가 내렸기에 아름다운 꽃도 자랄 수 있었고 빗방울이 묻어있기에 붙어올 수 있었으며 자가용이 있기에 발견할 수 있었습니다. 우리의 일상의 삶에도 무심코 지나치면 아무것도 아니지만 생각해보면 감사하게 되는 것들이 많습니다. '감사'를 의미하는 'Thank'는 '생각하다'를 의미하는 'Think'에서 나온 말입니다. 생각해보면(Think) 누구나 감사하게(Thank) 됩니다.

미래에 대한 먹구름이 몰려오는 것 같은 이때에도 주님은 우리와 함께 하심을 고백합니다. 지금까지 도우신 하나님을 늘 생각하며 감사의 삶을 살아가게 하옵소서.

영원히 목마르지 않는 물

내가 주는 물을 마시는 자는 영원히 목마르지 아니하리니 내가 주는 물은 그 속에서 영생하도록 솟아나는 샘물이 되리라 (요한복음 4장 14절)

 어린왕자에 이런 이야기가 나옵니다. 술병을 쌓아두고 술을 마시고 있는 술꾼에게 어린 왕자가 묻습니다.
"왜 술을 마시고 있나요?"
 술꾼이 대답합니다. "잊으려고 마시지."

 어린왕자는 관심을 가지고 또 묻습니다
"무엇을 잊으려고 마시나요?"
"부끄러움을 잊으려고 마시지."

 어린 왕자는 이 사람을 위로해 주고 싶어서 다시 묻습니다.
"무엇이 부끄러운 데요?"
"술을 마시는 것이 부끄러워서 그렇단다."

 우리는 우리에게 허락하신 귀한 시간을 실패와 부끄러움을 묵상하고 곱씹으면서 살아갑니다. 죄로 물든 인간은 그 누구도 실패와 좌절 속에서 내일을 향한 지혜를 발견할 능력이 없습니다.

코로나의 상황이 길어짐에 따라서 너나 할 것 없이 많이 지쳐있습니다. 온라인으로 예배를 드리곤 있으나 뭔가 채워지지 않는 것 같다는 어느 집사님과의 대화 속에서 코로나 이후에 성도들의 믿음생활이 얼마나 버거운지를 생각하니 가슴 한켠이 먹먹해졌습니다. 이럴 때 일수록 가장 필요한 것은 무엇인가 고민해봅니다. 무엇으로도 채워지지 않는 갈급함이 있었던 우물가의 여인에게 예수님은 찾아가셨습니다. 그리고 주님은 '내가 주는 물을 마시는 자는 영원히 목마르지 아니하리니 내가 주는 물은 그 속에서 영생하도록 솟아나는 샘물이 되리라'(요 4:14) 고 말씀하십니다.

 우리의 마음에는 그 어떤 것으로도 채워지지 않는 하나님으로만 채워지는 것이 있습니다. 어려움의 환경 속에서 붙잡아야 할 것은 복음의 본질, 즉 영원한 생명을 주시는 예수님께서 나를 위하여 십자가에 못 박혀 죽으시고 부활하심을 믿음으로 구원을 얻었고 지금도 모든 것의 주관자 되시는 주님의 뜻대로 우리를 인도하신다는 믿음입니다.

 형형색색의 톡톡 쏘는 탄산음료를 마시고 있으나 몸은 건강한 생수를 원하듯 세상의 것으로 갈급함을 채우는 것이 아닌 우리를 구원하신 하나님의 말씀을 통하여 믿음의 선순환을 이루시길 바랍니다.

 눈앞에 펼쳐진 상황들을 바라보며 낙심하지 않게 하시고 내가 생각하는 것보다 앞서 일하시는 주님께 나아가길 원하오니 목마른 나의 영혼에 성령의 단비를 부어주옵소서.

음악의 힘

지극히 높은 곳에서는 하나님께 영광이요 땅에서는 하나님이 기뻐하신 사람들 중에 평화로다 하니라 (누가복음 2장 14절)

음악은 듣는 이가 누구든 간에 문화와 나이, 언어를 뛰어넘어 큰 메시지를 전달해 줍니다. 이른 아침 새들의 노랫소리, 베토벤, 모차르트의 심포니나 시대를 풍미했던 가수의 음악은 우리에게 반응을 불러일으킵니다.

가끔 노래를 듣다보면 작곡을 하고 노래를 부르는 사람이 현재를 살아가는 나에게 편지를 보내는 것 같다는 생각을 하게 됩니다. 장르 구분없이 음악을 듣고 음악에 대해서 잘 알지는 못하지만 작곡가의 상황과 배경 그리고 가수의 후일담을 알고 음악을 들을 때에는 더욱 풍부한 감정을 느끼곤 합니다.

코로나 이후에 거리마다 크리스마스 캐럴이 가득했던 예전의 겨울의 모습은 사라지고 외출이 자유롭지 못하고, 자영업자들의 한숨이 가득한 이때에 음악 사이트에서 우연히 발견한 노래가 있었습니다. 루이 암스트롱이 1959년 발매한 캐럴송인데 징글벨을 재즈로 편곡해서 부른 것입니다.

노래의 구성은 처음에는 제대로 부르다가 몇 번의 반복을 거쳐서 빨리 감기를 한 속도로 우스꽝스러운 음색으로 캐럴을 부릅니다. 제가 태어나기도 전에 발매된 1분 20초 남짓의 익살스러운 캐럴을 들으며 현장에서 노래를 부르는 가수나 악기를 연주하는 연주가 그리고 모든 스텝들이 기쁨으로 아기 예수님의 탄생을 기다리며 즐거움 가득한 노래를 부르며 기쁨과 희망 가득한 마음으로 이 노래를 녹음했을 것이라는 생각에 마음이 따뜻해졌습니다.

 해를 거듭할수록 거리에는 예전에 느꼈던 크리스마스의 분위기가 나지 않지만 그럼에도 우리를 구원하시려 이 땅에 오신 아기 예수님의 탄생의 의미를 마음 깊이 새김으로 2000년전 이 땅에 오셔야만 했던 메시야 아기 예수님의 고고지성을 기억하며 매순간 그분의 사랑을 실감하시길 바랍니다.

주님의 은혜와 사랑을 매순간 실감하는 믿음을 주시고 이 땅에 오셔야 했던 아기 예수님의 은혜에 늘 감격하는 삶을 살아가게 하옵소서.

평범한 날

여호와여 주께서 나를 살펴보셨으므로 나를 아시나이다 (시편 139편 1절)

 코로나로 얼굴을 뵙고 심방을 할 수 없는 상황이 되면서 어떻게 은혜를 나눌 수 있을까를 고민하던 중에 '마음에 새기는 말씀'이라는 글로 삶을 나눈 지 꽤 오랜 시간이 되었습니다. 지난주엔 어떤 분이 매주 어떻게 이런 에피소드가 나오냐고 물으셨습니다. 사실 매번 글을 쓰겠다고 마음먹었던 순간부터 작은 것에도 집중해서 보고 귀를 기울이게 되는 습관이 생겼습니다. 글을 쓰려고 하면 보통 대단한 일들을 기록하려고 하는데 일상은 특별한 날 보다는 평범한 날들로 가득했습니다. 평범한 일들이라서 잊어버릴까 카카오톡 메신저에 남겨두었던 글들을 하나하나 읽다보니 결국 모든 것이 은혜임을 깨닫게 되었습니다.

 박준 시인은 '마음한철'이라는 시에서 '한철 머무는 마음에게 서로의 전부를 쥐어 주던 때가 우리에게도 있었다'라고 이야기합니다. 이 시처럼 우리는 평범한 시간에도 늘 무언가를 주고받으며 살아갑니다.

세상의 모든 일들은 우연이 아닙니다. 그리고 우리는 공장의 상품이 아니라 하나님의 걸작품입니다. 출애굽 때의 이스라엘 백성을 이끈 모세의 삶은 초라하지만 특별했습니다. 히브리인 갓난아기들을 모두 죽이는 상황에서 모세의 어머니가 모세를 석 달 동안 몰래 키울 수 있었고 물이 새지 않게 갈대상자를 만들어 나일 강에 떠내려 보냈으며 그것을 바로의 딸이 발견하게 되고 모든 광경을 지켜보았던 모세의 누이가 유모로 모세의 친어머니를 데려오는 모든 과정은 우연이었고 인간의 계획이라고 생각할 수도 있지만 하나님의 계획표대로 움직였던 것입니다. 나일 강가에 갈대상자는 상상할 수 없는 조합이지만 하나님은 모세에게 소망을 가지고 특별하게 일하셨습니다.

 우리가 경험하는 모든 사건들과 사람들이 우리를 지으시고 인도하시는 하나님의 계획 가운데 있다는 것을 믿고 살아가다보면 인생은 참 재미있습니다. 물론 좋고 행복한 일들만 있는 것은 아니며 슬프고 고통스럽고 억울한 일들도 있겠지만 그런 과정 하나하나를 통해 주님의 만지심을 경험하는 인생이라면 그것은 고난이 아니고 축복입니다.

 평범한 일상을 살아가는 것 같지만 하나님은 우리를 살피시고 우리를 아시며 우리와 인격적인 관계로 마음의 문을 열길 바라시고 계십니다. 모쪼록 너무나 평범해서 지루하기까지 한 일상 평범한 날 같을지라도 지금도 주님은 일하고 계십니다.

 지금도 우리 인생을 집중하시고 이끌어 가시는 주님을 바라보며 반드시 승리케 하실 주님의 손을 붙들고 믿음의 길을 걸어가게 하옵소서.

안내직원

주의 말씀은 내 발에 등이요 내 길에 빛이니이다 (시편 119편 105절)

 코로나 이후에 결혼식의 풍경이 많이 변했습니다. 인원제한이 있고 코로나가 확산될 우려로 결혼식장에서는 만반의 준비를 합니다. 아름다운 가정을 이루는 성도의 결혼식에 축하하기 위하여 참석 하였는데 QR코드 인증 및 체온을 재느라고 바쁜 결혼식장의 직원들의 손놀림은 결혼예식 시간이 다가오자 몰려드는 하객들의 속도를 따라 갈 수 없었습니다. 많은 사람들 사이로 차례를 기다리고 있는데 어떤 중년 남자 분이 저에게 질문을 합니다.

"여기 OOO홀이 어디 있습니까?"
 한 10초쯤 있다가 또 어떤 분이 묻습니다.
"2층 연회장 가려면 어떻게 갑니까?"

 '왜 안내직원이 없을까?' 라고 생각하고 눈을 돌려보니 젊은 청년 한 사람이 어깨띠를 메고 서있습니다. 호텔에서 고용한 안내직원이 어깨띠까지 메고 안내하기 위하여 준비하고 있는데 사람들의 눈엔 제가 안내직원처럼 보였나봅니다.

저는 예전부터 안내직원처럼 보이는 은사(?)가 있는 것 같습니다. 과거 기관사역을 할 때에 조찬회의를 앰버서더나 코리아나 호텔에서 하곤 했는데 의전을 위하여 대기하고 있으면 호텔을 이용하는 내국인은 물론 외국인들도 제게 안내를 요청하곤 했습니다. 처음에는 "저는 직원이 아닙니다" 라고 정중하게 이야기 했는데. 시간이 지날수록 요청하는 질문들의 대부분이 제가 알고 있는 것이라서 성심성의껏 안내해 주었고, 외국인에게는 미리 영어도 준비하여 알려주곤 했습니다. 아주 간단한 안내를 해 준 것에 불과한데 제게 웃으며 감사의 인사를 건네던 그때의 그 손님(?)들이 아직도 기억에 납니다.

 우리의 인생길에 진정한 안내자가 되는 것이 있습니다. 그것은 바로 주님의 말씀입니다.

주의 말씀은 내 발에 등이요 내 길에 빛이니이다.(시 119:105)

 우리가 사는 삶의 미래를 아는 사람은 없습니다. 한치 앞을 볼 수 없는 무지한 존재이기에 다가올 미래 앞에 불안하고 두려운 마음이 들기도 합니다. 누군가는 내 삶은 내 것이라는 생각으로 깜깜한 밤과 같은 미래에 일단 가보자고 스스로 길을 찾으려고 하다가 끝내 찾지 못하고 방황을 하고 좌절하기도 합니다.

 이 세상에 등과 빛이 없으면 어두워서 앞을 볼 수 없는 것처럼 주님의 말씀이 없으면 우리 인생에 무엇을 해야 하고 어디로 가야하며 주님이 누구신지 조차 모르게 됩니다. 그래서 사랑하는 우리를 인도하시기 위하여 주의 말씀으로 안내해 주십니다. 무엇보다 주님의 인도하심의 은혜는 영적 소경되어 죄 가운데 헤매는 인생을 구원하는 생명의 빛이십니다.

우리의 인생에 등과 빛 되신 하나님의 말씀을 기억하며 생명으로 인도하는 빛 되신 주님 말씀 따라 살아가게 하옵소서.

견실한 믿음

내 사랑하는 형제들아 견실하며 흔들리지 말고 항상 주의 일에 더욱 힘쓰는 자들이 되라 이는 너희 수고가 주 안에서 헛되지 않은 줄 앎이라
(고린도전서 15장 58절)

 하나님께 쓰임 받는 사람들은 반드시 이유가 있습니다. 보통의 사람들이 '왜 해야 하느냐'고 불평하는 일을 하는 사람들은 어느새 유능한 인물이 되어있고 힘들고 반복적인 일들을 끝까지 계속하다보면 어느새 놀라운 달인이 되어 있으며 손해인 줄 알면서 소신을 가지고 일들을 처리하다보면 훌륭한 리더가 됩니다.

 사도 바울은 고린도교회를 향하여 견실하고 흔들리지 말며 주의 일에 더욱 힘쓰는 자들이 되라고 이야기 합니다. 그리고 그럴 수 있는 이유는 그들의 수고가 주안에서 헛되지 않기 때문(고전 15:58) 이라고 말씀합니다.

 우리는 과거를 바꿀 수 없기에 후회해봐야 소용없고 그 경험에 대한 냉철한 평가가 이루어져야합니다. 미래를 내다볼 때 근심과 걱정은 크게 도움이 되지 않습니다. 오히려 우리가 꿈꾸는 미래를 위해 필요한 것은 주님이 인도하심을 따른 선택이고 그것

을 이루기 위하여 노력하는 것입니다.

 코로나가 한참이던 2020년의 가을 하나님께 영광 돌리고 코로나로 인하여 지친 성도들을 위로하기 위하여 클래식 음악인들이 마음을 모아 '하나님의 사랑을 잇다' 라는 주제로 클래식 음악회를 열었습니다.

 음악회 하루 전 최종 리허설을 하는데 창밖에는 엄청난 비가 내리고 있었습니다. 빗소리를 뚫고 아름다운 선율의 찬송가가 연주됩니다. 저에게는 연주회 전날 진행한 리허설의 시간이 미세먼지가 비에 씻겨 내려가듯 분주함과 피곤함이 씻겨 내려가게 해주는 힐링의 시간으로 더 감동적으로 다가왔습니다.

 사도 바울은 어떤 상황 속에서도 승리를 주시는 하나님께 감사하였습니다.(고전 15:57) 그리스도의 삶이 그런 것 같습니다. 거친 비바람과 풍파가 오더라도 우리의 마음 안에 평안이 있음은 이미 승리하신 그분이 함께하시기 때문입니다. 견실한 믿음은 어떤 상황 속에서도 평안과 기쁨을 누리게 합니다.

나의 내면에 존재하는 어두운 의심의 그림자가 걷히게 하시고 영적인 변곡점마다 치밀하게 인도하시는 하나님의 일하심을 바라보는 견실한 믿음을 허락 하옵소서.

빨간 신호등

볼지어다 내가 문 밖에 서서 두드리노니 누구든지 내 음성을 듣고 문을 열면
내가 그에게로 들어가 그와 더불어 먹고 그는 나와 더불어 먹으리라
(요한계시록 3장 20절)

 자가용을 타고 집에서 교회까지 7km남짓의 비교적 짧은 거리이지만 출근길에 빨간 신호등이 몇 번 걸리면 30분 남짓의 시간이 소요됩니다. 저는 문득 이런 생각을 해보았습니다.

 기다림을 싫어하는 저로서는 빨간 신호에 걸리면 의지와 상관없이 멈춰야 하고 도착시간은 더 늦어지게 되는 단점만 가득 할 꺼라는 생각을 했는데 곰곰이 생각해보니 그 시간에 저는 듣고 싶은 음악도 듣고 넥타이는 똑바로 매어져 있는지 얼굴에 뭐가 묻지는 않았는지를 살펴보는 시간이었습니다. 무엇보다 빨간 신호가 켜져야만 행인들도 횡단보도를 건너고 다른 편에서 오는 차들이 통행을 할 수 있기에 반드시 필요한 것임을 새삼 깨닫습니다.

 우리들의 삶에 있어서 코로나의 시대는 빨간 신호의 시간들이 아닐까 생각됩니다. 바쁘게 살아가던 일상은 멈춰졌고 자녀들의

학업에 큰 변화가 생겼습니다. 또한 매년 들뜬 마음으로 진행했던 전도축제도 못하게 되어 교회가 썰렁하기까지 합니다. 그러나 이러한 시간이 하나님께 나아가는 걸림돌이 하나님과의 관계의 멀어짐의 시간이 아니길 바랍니다.

 이기주 작가는 '사랑한다는 것은 내 시간을 상대에게 기꺼이 건네주는 것' 이라고 정의 합니다. 누군가와 보내는 시간이 아깝게 느껴진다면 그 사람이 내 일상에 침입해 내 시간을 훔쳐 달아난 것처럼 여겨진다면 상대방을 사랑하지 않거나 사랑이라는 감정과 멀어지기 때문입니다.

 하나님은 우리와 교제하길 원하십니다. 인생의 빨간 신호의 시간을 여러분은 어떻게 보내시겠습니까? 기억하세요. 쉽게 변하지 않는 상황을 한탄하며 보내는 시간은 너무 아깝다는 생각이 들지만 이런 시기이기에 주님께 더 가까이 나아가는 복된 시간이 될 수 있습니다.

우리를 창세전에 택하시고 독생자 예수그리스도를 죽기까지 사랑하시는 하나님께 더 가까이 나아가길 원하오니 우리의 삶에 동행의 기쁨을 주옵소서.

성경 설계도

아무 것도 염려하지 말고 다만 모든 일에 기도와 간구로, 너희 구할 것을 감사함으로 하나님께 아뢰라 그리하면 모든 지각에 뛰어난 하나님의 평강이 그리스도 예수 안에서 너희 마음과 생각을 지키시리라 (빌립보서 4장 6,7절)

위드 코로나의 시기가 도래하면서 많은 교회들은 어떻게 예수님을 닮은 제자들을 길러내야 하는지 고민합니다. 지금까지는 주로 온라인에서와 오프라인에서 어떻게 발 빠르게 움직일 것인가를 고민한 것이 전부였다면 이제는 당장 시급한 방법의 문제에 집중하는 것이 아니라 2000년 전 예수님 시대, 더 나아가 1,500여 년 전 구약시대에서도 변하지 않았던 복음의 본질을 꿰뚫고 그 본질을 따르기 위한 시대의 요청에 적절하게 반응하는 것이 필요함을 실감하게 됩니다.

예수님을 닮은 제자로 살아간다는 것은 지금까지 자신을 사로잡은 사고와 가치, 경험을 하나님의 뜻으로 정비하고 정리하는 고민의 시간을 가지는 것으로 시작됩니다.

우리에게는 변화의 몸부림이 필요합니다. 현대인들은 넷플릭스와 같은 OTT(Over The Top) 플랫폼에 이미 익숙해져버렸고, 교회에 모여 예배드리는 것조차 특별히 조심해야 하는 예전의 것들이 되어버렸습니다. 빠르게 변화하는 이때에 골든타임을 놓치면 우리와 주님과의 거리는 점점 더 멀어지게 될 것입니다.

 코로나시대에서 주님의 제자로 사는 것의 핵심은 늘 성경말씀에 자신의 삶을 비추어 살아가는 몸부림이 필요하다는 것입니다. 지금 나의 생각과 마음의 공간을 차지하고 있는 것이 무엇인지 살펴보아 깨끗하게 정리하고, 하나님의 말씀으로 그리고 주님의 뜻을 구하는 기도로 성령의 다스리심을 기대하며 세워가야 합니다.

 우리 마음의 공간을 정비하기 위한 설계도는 성경입니다. 성경은 각 장마다, 각 절마다 하나님이 주시는 놀라운 주제들이 있습니다. 예수님 닮은 제자로 세워져 가는 설계도가 성경이라면 설계도대로 건강하게 세워가는 작업은 기도입니다. 하나님께서는 여전히 우리의 마음을 말씀과 기도로 채워가길 원하십니다. 삶의 전 영역을 재배치하여 선한 영향력을 끼치는 우리가 되길 바랍니다. 말씀을 붙든 기도, 그 기도는 우리의 생각과 마음을 지키시고 신신한 그리스도의 제자로 세워가게 하실 것입니다.

하나님의 말씀이라는 설계도를 가지고 주님의 뜻을 구 하는 기도라는 움직임으로 선한 영향력을 끼치며 살아가게 하옵소서.

PART **3**

가족

담다, 그리고 닮아가다

여호와 주께서 나를 살펴보셨으므로 나를 아시나이다 (시편 139편 1절)

 자기를 부인하고 자기 십자가를 지고 주님을 따르는 것(막 16:24)이 그리스도인의 삶인데, 십자가의 고난 없이 주님의 제자된 삶을 살기를 바라는 요행의 기도를 하곤 했습니다. 결혼 전부터 '저에게 주실 자녀는 저보다 모든 면에서 뛰어나게 하시며 몇 배로 더 귀하게 쓰임 받게 해주세요' 라고 기도해 왔으나 하나님께서 쓰시는 좋은 도구가 되기 위해서는 그냥이라는 것이 없음을 깨닫게 해주셨습니다.

 2012년 1월. 창밖으로 함박눈이 내리던 그날, 하나님께서 우리 가정에 예안이를 선물로 주셨고 이 땅에 태어나게 하셨습니다. 의사 선생님은 우리 부부가 충분히 기뻐할 시간도 없이 아이의 심장에 문제가 있다며 큰 병원으로 가야 한다고 말씀하셨습니다. 태어난 지 하루도 지나기 전, 아직 아버지라는 호칭이 익숙하지도 않은 그때에 홍해의 기적을 방불케 하는 앰블런스를 타고 서울성모병원에 가게 되었고 그것을 시작으로 특별히 사랑하시는 하나님의 인도하심을 경험하게 되었습니다.

심장 모양에 문제가 있어 새파란 입술로 태어난 아이. 하루 10분 신생아 응급실에 입원한 아이를 보고 나올 때에는 차마 엘리베이터를 타지 못하고 비상계단으로 내려오며 짐승처럼 꺼억꺼억 우는 제 울음소리가 복도에 메아리쳐서 더 서글프게 느껴졌습니다. 네 살이 될 무렵 첫걸음을 내딛었으며, 지금도 말을 하지 못하는 아이를 바라보며 낙심이 되곤 했습니다. 예안이가 자랄수록 또래 아이들과 차이가 나면서 어른 뿐 아니라 아이의 친구들까지 이상한 눈으로 바라보는 시선을 느낄 때 즈음 하나님의 말씀이 저의 마음에 들어오게 되었습니다.

 여호와여 주께서 나를 살펴보셨으므로 나를 아시나이다. (시 139:1)

 하나님께서 나를 살피시고 아시기에 나보다 나를 더 잘 아시는 주님께 애써 내 마음을 다 설명하지 않아도 되었고 주님은 나를 기만하지 않는 신실하신 분이심을 고백하게 되었습니다. 가장 좋은 길로 인도하실 그분께 내 삶을 내어 드리고 맡기니 주님의 넓은 품에 안아주시고 위로해주시며 저의 사명의 길을 견고케 하셨습니다.

 받아들이면 비로소 보이는 것들이 있습니다. 받아들인다는 것은 더 어려운 가정을 보며 느끼는 상대적인 우월감도, 기적과 같은 일이 이루어질 것이라는 막연한 기대도 아닙니다. 하나님과 나의 관계에서 나에게 가장 잘 맞기에 허락하신 아이의 존재, 그 자체를 감사하는 것이었습니다.

상황을 불평하기보다 나보다 나를 더 잘 아시는 하나님께서 나에게 그리고 우리 가정에게 가장 좋은 것을 허락하셨다는 믿음은 모든 순간이 기적이고 감사임을 깨닫게 하셨습니다. 그러고 나니 받아들이기 힘들어서 가슴 아파하며 보낸 그 시간들이 어쩌면 그때에만 주어지는 행복을 놓쳤다는 생각이 들기도 합니다.

나보다 나를 더 잘 아시는 하나님의 인도하심에 감사하고 하나님의 말씀을 마음에 담고 신실한 제자로 예수님을 닮는 삶을 살아가며, 받은 은혜를 나누고 베푸는 삶을 살아가고자 그 길을 걷고 있습니다. 그것이 저의 사명이기 때문입니다.

여러분은 무엇을 담고 계신가요? 그리고 무엇을 닮아가길 원하시나요? 하나님의 말씀을 마음에 담고 예수님의 모습을 닮아가는 삶이 가장 존귀한 삶입니다.

나보다 나를 더 잘 아시는 주님께서 가장 좋은 것으로 역사하시며 결국 승리케 하시는 주님이심을 고백합니다. 하나님의 말씀을 마음에 담고, 주님의 모습을 닮아가게 하옵소서.

놀라운 하나님의 사랑

내가 너와 함께 있어 네가 어디로 가든지 너를 지키며 너를 이끌어 이 땅으로 돌아오게 할지라 내가 네게 허락한 것을 다 이루기까지 너를 떠나지 아니하리라 하신지라 (창세기 28장 15절)

 유난히 추웠던 지난겨울, 아이가 집에만 있는 것을 답답해서 집 앞 공원을 한 바퀴씩 돌곤 했습니다. 그런데 보통 아이와 달리 아이가 장갑 끼는 것을 너무나 싫어합니다. 억지로 껴주어도 이내 빼버려서 손이 꽁꽁 언 모습을 보며 안타까운 마음이었습니다.

 어떻게 하면 추운 날씨에 장갑을 끼지 않는 아이를 따뜻하게 할 수 있을까를 생각하던 중 좋은 방법을 생각해 냈습니다. 패딩 주머니에 손난로 두 개를 넣어주니 아이가 손난로를 꼭 쥐고 꽁꽁 언 손을 녹이는 것이었습니다.

 어느날 아이와 함께 마트에 가게 되었는데 방문한 마트는 체온계 아래에 손을 넣어서 체온 체크를 진행했습니다. 아이가 체온계에 손을 넣자 주변의 사람들이 다 저희들을 주목했고 안전요원이 급히 뛰어왔습니다. 왜냐하면 손난로를 꼭 쥐고 있었던 아이의 손바닥 체온이 39.2도였기 때문이었습니다. 자초지종을 이야기하니 안전요원은 "아빠의 사랑의 온도네요!"라고 이야기해 주었고 우리는 웃으며 입장 할 수 있었습니다.
 저는 이 일을 통하여 놀라운 하나님의 사랑을 묵상해 보았습니다. 간혹 어려움을 경험할 때마다 우리의 정체성에 대한 의문을 가질 때가 있습니다.

 실의와 두려움 그리고 자기 지향적 결핍과 무언가를 채우려고 아등바등하는 모습들은 우리를 더욱 공허함에 빠지게 만들곤 합니다. 그러나 우리의 아버지가 되시는 '하나님'께서 어떤 분이신지를 알고 그분과 나의 관계에 대하여 바로 알면 이내 이러한 공허함과 불안함에서 벗어날 수 있습니다.

 야곱이 에서를 피하여 하란으로 도피하는 도중에 절망과 낙심 가운데 있는 야곱을 향하여 '하나님께서는 너와 함께 있어 어디로 가든지 지키며 허락하신 것을 지키기 까지 야곱을 떠나지 않을 것'을 약속하셨습니다.

 내가 너와 '함께 있어' 라는 말씀의 히브리어 '아맘'은 '결합하다'라는 뜻을 가진 단어로 하나님과 야곱은 떼려야 뗄 수 없는 불가분의 관계에 있음을 강조하는 말씀입니다. 결국 생명에 위협을 느끼고 하란으로 도피하는 것도 하나님의 뜻과 섭리 가운데 이루어지고 있음을 암시하며 더 나아가 이 동행과 보호하심의 은혜는 반드시 이루어지심을 약속하신 것입니다.

 과거의 안좋은 기억을 지울 수는 없지만 믿음의 시각으로 바라볼 때에 우리의 삶이 새롭게 바뀌어 나갈 수 있습니다. 하나님의 놀라운 사랑을 경험하면 어떤 상황, 어떤 장소든 우리는 혼자 남겨지지 않는다는 것을 깨닫게 됩니다. 그리고 그 사실이 오늘도 우리를 은혜 가운데 숨 쉬게 합니다.

나의 가는 길을 아시는 주님께 내 삶을 신실하게 인도하실 것을 믿고 맡기길 원합니다. 주님을 신뢰함으로 승리의 삶을 살아가게 하옵소서.

시험을 감당 할 수 있는 이유

사람이 감당할 시험 밖에는 너희가 당한 것이 없나니 오직 하나님은 미쁘사 너희가 감당하지 못할 시험 당함을 허락하지 아니하시고 시험 당할 즈음에 또한 피할 길을 내사 너희로 능히 감당하게 하시느니라 (고린도전서 10장 13절)

첫째 아이가 10살이 되자 보조바퀴가 없는 두발자전거를 배웠습니다. 발달이 느린 아이이기에 특수 체육선생님께서 어떻게 자전거를 가르치시나 유심히 보았습니다. 아이를 자전거에 태우고 아이의 몸을 태권도 띠로 묶은 후에 "밟아! 밟아!"라고 외치며 중심을 잡고 앞으로 나아가게 했습니다. 이내 겁을 먹고 휘청거리는 아이가 넘어지려고 하자 몸에 묶인 줄을 꽉 붙잡고 아이가 크게 다치지만 않게 그대로 넘어지도록 내버려두었습니다. 그렇게 몇 번을 가고 넘어지고를 반복하더니 조금씩 두발자전거가 익숙해졌는지 앞으로 향해 가는 아이를 보며 묵상을 해 보았습니다.

하나님께서는 사랑하시는 자녀에게 고난을 허락하실 때가 있습니다. 더 크고 깨끗한 그릇으로 만들어 가시기 위하여 어려움을 겪게 하십니다. 갑자기 많은 어려움들이 닥쳐오기도 하고 견뎌내야 할 것들이 무겁게 느껴지기도 합니다. 사도 바울은 고린도

교회의 성도들에게 삶 속에서 많은 시험을 겪지만 감당할 수 있는 시험만 주시고 피할 길을 내시는 하나님이시며 경험하는 고난을 능히 감당 할 수 있게 하신다고 말씀합니다.

 우리가 어려움 속에서 소망을 가질 수 있는 것은 하나님의 미쁘심 때문입니다. '미쁘시다'라는 단어는 '신실한', '믿을만한' 이라는 뜻으로 신실하신 하나님, 우리에게 약속하신 것을 반드시 이루시는 하나님께서 가장 좋은 것으로 역사하시는 하나님이 계시기에 능히 이길 수 있다는 것입니다

 주님은 지금도 우리와 함께 하십니다. 삶의 무게가 너무 무거워 넘어질 수 있지만 주님은 지금도 우리를 붙들고 계십니다. 신실하신 주님의 능력에 힘입어 주님과 동행하는 기쁨의 삶을 살아갈 수 있습니다.

어려움의 상황 속에서 조급한 마음을 내려놓게 하시고 하나님 앞에서 성실하게 살아가게 하시어 주님과 아름다운 동행을 하게 하옵소서.

삶의 목적과 하나님을 향한 신뢰

믿음으로 아브라함은 부르심을 받았을 때에 순종하여 장래의 유업으로 받을 땅에 나아갈 새 갈 바를 알지 못하고 나아갔으며 (히브리서 11장 8절)

둘째 아이가 인지가 발달하면서 형의 등교를 위하여 잠깐 외출을 하고 오겠다는 약속에도 불구하고 눈앞에 엄마가 보이지 않으면 불안해 합니다. 이내 큰일이 날 것처럼 목청 높여 울음을 터뜨립니다. 영상통화로 엄마의 얼굴을 보여줘도 잠시 안정을 취하는 듯 싶다가 다시 큰 울음을 터뜨립니다. 우는 아이를 보며 귀엽기도 하고 황당하다는 생각에 웃음이 납니다. 생각해보면, 둘째 아이가 생각하는 엄마에 대한 신뢰는 지극히 시각적, 촉각적인 영향을 받기 때문인 것 같습니다.

신앙생활도 마찬가지입니다. 어려움 속에서 하나님이 보이지 않고 느껴지지 않고 계시지 않아 불안해하는 것은 어린아이의 신앙입니다. 나의 믿음의 여정에서 하나님이 원하시는 목적지로 향해 제대로 가느냐에 대하여 근원적으로 던져야할 질문은 '내가 그분을 얼마나 신뢰하고 있는가'입니다.

마르쿠스 아우렐리우스가 전쟁터에서 쓴 일기인 명상록에 보면 이런 글이 있습니다.

 다른 사람이 어떤 일을 하는 것을 볼 때마다 이런 질문을 네 자신에게 던지는 것이 습관이 되게 하라. "이 사람이 이일을 하는 목적은 무엇일까?" 하지만 무엇보다도 그런 질문은 네 자신에게 먼저 던져서 네 자신을 가장 먼저 면밀하게 살펴라 (명상록 제10권 37.)

 하나님께서는 하나님의 자녀들을 하나님의 계획대로 창조하셨고 또 그에 맞는 사명을 주십니다. 그러나 각자의 삶에서 내가 무엇을 위하여 지음 받았고 무엇을 위하여 사는 것인가에 대하여 정확히 알지 못하고 긴가민가 하는 때가 있습니다. 우리는 앞으로 우리의 삶이 어떻게 펼쳐질지 모릅니다. 그러기에 우리 인생의 길에서 늘 우리자신에게 묻곤 합니다.

'내가 잘 가고 있는 건가?'
'내가 잘 하고 있는 건가?'

 믿음의 조상 아브라함도 자신이 유업으로 받을 땅이 어디인지를 알지 못했습니다. 그런 아브라함을 움직이게 했던 것은 지도나 나침반이 아니였습니다. 그가 알지 못하는 땅을 향하여 나아갈 수 있었던 것은 그가 부르심을 받았을 때 하나님께 순종했던 믿음 때문이었습니다.

여러분은 인생에서 얼마나 하나님을 신뢰하고 계시나요? 눈앞에 보이는 상황에만 집중한 채 지금도 살아서 역사하시는 하나님의 인도하심을 잊고 있진 않으신가요? 주님을 신뢰하고 의지한다면 주님의 인도하심은 기쁨과 영광의 최종 목적지로 이끌어 가실 것입니다.

보이지 않는 하나님을 전적으로 신뢰하게 하시고 마음을 굳게 하여 내안에서 역사하시는 하나님으로 인하여 기쁨과 감사의 기도를 올려 드릴 수 있는 성숙한 믿음을 주옵소서.

나보다 높은 바위에 인도하소서

내 마음이 약해 질 때에 땅 끝에서부터 주께 부르짖으오리니 나보다 높은 바위에 나를 인도하소서 (시편 61편 2절)

2020년 9월 18일 오전 9시 45분 그토록 기다리던 아이의 첫 울음소리, 즉 고고지성(呱呱之聲)을 들었습니다. 아이는 뱃속에서 나와 두려움을 안고 세상이 떠나가라고 울음을 터뜨리는데 우렁차게 우는 아이의 울음소리를 들으며 그 모습이 살아있다는 건강하다는 신호이기에 부모인 저와 아내는 너무나도 기뻤습니다. 저는 아이의 울음소리를 들으며 하나님 아버지께 간절히 부르짖음에 대하여 생각해 보았습니다.

곽현덕 시인의 '돌아보면 혼자인데'시입니다.

돌아보면 혼자인데 기도하니 하나님께서 동행하십니다.
돌아보면 가진 것 없는데 기도하니 천국이 나의 것입니다.
돌아보면 나약한데 기도하니 하나님의 자녀입니다.
돌아보면 사방이 막혀있는데 기도하니 하늘 문이 열려있습니다.
돌아보니 세상이 막막한데 기도하니 영원한 영생과 생명입니다.
돌아보면 내가 한 것 같은데 알고 보니 하나님이 하신 것입니다.

우리는 종종 좋지 못한 결과 앞에서 혼자인 것 같아 외로워하고 막막하여 낙심 합니다. 해결책이 나와야하는데 그럴듯한 해결책은 나오지 않고 부정적인 생각이 꼬리를 물어 마음은 더 고독해지고 연약해 집니다.

그러나 이런 때에 하나님께 시선을 두고 기도를 하면 정돈 되어지는 것을 경험하게 됩니다. 다윗은 어려운 상황 속에서 마음이 약해질 때 이렇게 고백합니다.

"내 마음이 약해 질 때에 땅 끝에서부터 주께 부르짖으오리니 나보다 높은 바위에 나를 인도하소서" (시 61:2)

'나보다 높은 바위에' 라는 말은 히브리적 표현으로 '내 힘으로 오를 수 없는 높은 곳' 을 말합니다. 전쟁터 같은 세상에서 내 힘으로 오를 수 없는 높은 곳에 들어 올리셔서 큰 그림을 보게 하시고 주님의 일하심을 기대하며 기도함으로 나아가게 해달라는 부르짖음입니다. 즉, 고난의 때에 주님께 부르짖음으로 걱정과 근심이 사라지고 큰 그림을 보며 상황을 해석하는 믿음의 눈을 가지게 되며 누구도 해할 수 없는 안전한 주님의 품에 안기는 경험을 하게 됩니다.

기도는 하나님께서 일하시도록 기회를 드리는 것입니다. 내 시선과 내 생각 그리고 내 마음이 아니라 하나님의 시선과 하나님의 생각과 하나님의 마음으로 보게 됩니다. 주님께 부르짖을 때에 주님은 들으시고 그분의 뜻대로 살아갈 수 있는 힘을 주십니다.

　　내 힘으로 할 수 없는 문제들 앞에서 주님께 부르짖을 수 있는 특권 주심을 감사드리며 지금도 일하시는 주님을 신뢰하고 전적으로 맡길 수 있는 믿음을 주옵소서.

그만 섬기고 그만 섬기라

하나님을 가까이하라 그리하면 너희를 가까이하시리라 죄인들아 손을 깨끗이 하라 두 마음을 품은 자들아 마음을 성결하게 하라 (야고보서 4장 8절)

며칠 전 큰아이가 신었던 작고 낡은 신발을 정리하면서 감사의 마음을 갖게 된 일이 있었습니다. 또래 아이들보다 수년은 늦게 걸었기 때문에 한 번도 신지 못한 새 신발도 있었던 터라 닳아서 바꾸어야 하는 신발을 보니 늦지만 아이가 신체적으로 발달하고 있음에 뿌듯해서 감사의 고백이 나왔습니다.

우리의 인생은 연습의 연속입니다. 누워만 있던 어린 아기는 때가 되면 기어 다니고 일어나고 이내 걸음마를 연습합니다. 몇 번을 넘어지고 부딪히다보면 걷기는 자연스러워집니다.

연습은 익숙함을 선사하고 익숙함은 자신감을 불러일으킵니다. 자신감은 가능성을 싹 틔우고 그 가능성은 우리를 나아가게 합니다. 성경은 우리가 오직 경건에 이르기를 연습하라고 합니다.

망령되고 허탄한 신화를 버리고 오직 경건에 이르기를 연습하라 육체의 연습은 약간의 유익이 있으나 경건은 범사에 유익하

니 금생과 내생에 약속이 있느니라 (딤전 4:7,8 개역한글)

'그만 섬기고 그만 섬기라'라는 말처럼, 세상은 그만 섬기고 오직 하나님 그분만을 섬기는 우리가 되었으면 합니다. 계단을 밟아야 위에 올라설 수 있는 것처럼 경건에 이르는 연습이 반복되면 언젠가 주님이 원하시는 아름다운 모습을 가지게 될 것입니다.

온전하고 신실한 주님의 제자 되길 원하오니 주님의 십자가를 바라보며 경건에 이르는 훈련을 통하여 믿음이 굳건해지게 하옵소서.

마음의 표현의 중요성

마리아는 지극히 비싼 향유 곧 순전한 나드 한 근을 가져다가 예수의 발에 붓고 자기 머리털로 그의 발을 닦으니 향유 냄새가 집에 가득하더라 (요한복음 12장 3절)

 둘째 아이가 태어나고 첫째 아이가 동생을 어떻게 받아드릴까? 에 대한 많은 고민이 있었습니다. 9년이라는 큰 터울이 있지만 독차지하던 사랑과 관심을 빼앗기는 아이의 마음을 생각해보니 서운한 마음이 있을꺼라는 생각이 들기도 했습니다.

 9년 만에 동생이 생기니 마음에 서운함과 신기함이 공존할 아이이기에 종종 동생이 존재한다는 것을 알리기 위하여 질문하곤 합니다.

"예안이 동생 있지? 어디 있어?"

 그때 예안이는 아기침대에 누워있는 필립이를 손가락으로 가리킵니다.

 어느 날 특수체육교육을 받으러 가는 차안에서 예안이에게 물었습니다.

"예안아 동생 좋아?" 그랬더니 "응!" 이라고 대답합니다.
이어서 "동생 어디에 있어?" 라고 물으니 예안이는 잠시도 고민의 시간 없이 자신의 가슴에 손을 댑니다.

 말을 하지 못하는 아이이지만 동생이 자신의 마음에 있다고 가리키는 아이를 보니 울컥했습니다.

 표현하는 것이 아름다울 때가 있습니다. 그것이 유창한 표현과 대단한 선물이 아니라고 할지라도 마음을 담은 작은 표현은 사람의 마음을 감동시키는 힘이 있습니다.

 마리아는 예수님을 사랑하는 마음을 담아 향유를 가져다가 예수님의 발에 붓고 머리털로 그 발을 닦습니다. 제자들마저 향유를 붓는 것은 낭비라고 비아냥 거렸지만(막 14:4) 마리아는 일주일후에 십자가 지실 예수님께 자신의 마음을 표현합니다. 이 모습을 지켜보신 예수님께서는 마리아를 칭찬하시며 좋은 일(beautiful thing, 막 14:6)을 했다고 칭찬하십니다.

 예수님께서는 마리아의 마음을 이미 알고 계셨지만 마리아는 자신의 마음을 향유라는 매개를 통하여 표현합니다. 마리아는 사랑하는 예수님께 사랑을 표현하였습니다. 어쩌면 우리는 표현하지 않아서 오해하는 것들이 있을 수 있습니다. 눈빛 속에 담아왔던 사랑의 감정을 감사의 마음을 전해 보는 것은 어떨까요?

그러면 소중한 당신의 상대는 따뜻한 눈빛으로 여러분에게 더 가까이 다가 설 것입니다.

주님의 발에 향유를 부었던 마리아와 같이 진정으로 가치 있는 예수님의 십자가의 사랑을 경험케 하시고 그 사랑에 감격한 감사와 감격을 표현하며 살아가게 하옵소서.

첫사랑

내가 너와 함께 있어 네가 어디로 가든지 너를 지키며 너를 이끌어 이 땅으로 돌아오게 할지라 내가 네게 허락한 것을 다 이루기까지 너를 떠나지 아니하리라 하신지라 (창세기 28장 15절)

 부활절을 맞이하여 하나님께서 우리 가정에 위탁하신 둘째 아이 필립이가 처음으로 예배의 자리에 오게 됩니다. '처음'이라는 단어를 생각해보면 '기대'와 '설렘', '두려움', '긴장' 과 같은 말이 떠오릅니다. 무엇을 했는지 누구와 함께 했는지에 따라 '처음'은 우리의 마음을 즐겁고 행복하게 하는 긍정의 감정을 주기도 하고 슬프고 아픈 감정을 주기도 합니다.

 사랑하는 사람을 처음 만났을 그때의 느낌과 이유 설렜던 마음들을 고이 간직해 놓으면 사랑이 힘겨울 때 그때의 감정과 마음을 꺼내어 이겨 낼 수 있는 힘이 생기는 것처럼 주님과의 인격적인 첫 만남은 우리의 삶에 큰 전환점이 되고 위로가 됩니다.

 비록 보통의 아이들과 달리 첫 외출이 형의 치료실이었지만 첫발을 내딛은 예배의 자리, 많은 성도들 앞에서 축복기도를 받은 예배의 감동과 감격을 마음에 새겨두고 훗날 고난과 아픔의 상황이 온다 해도 첫 예배를 기억하며 감사할 수 있기를 바라는 마음 가득합니다.

 내가 너와 함께 있어 네가 어디로 가든지 너를 지키며 너를 이끌어 이 땅으로 돌아오게 할지라 내가 네게 허락한 것을 다 이루기까지 너를 떠나지 아니하리라 하신지라(창 28:15)
 야곱이 형 에서의 보복을 피하여 집을 떠나 야곱의 나이 77세에 다시 돌아오기까지 20년의 고난과 고통의 시간을 시작할 때에 벧엘에서 하나님께서는 '너와 함께 있어 너를 지키고 내가 네게 허락한 것을 다 이루지 까지 떠나지 아니하리라' 말씀하십니다.

 아무런 계획과 준비 없이 시작된 800km나 되는 하란으로의 도피행은 고달프고 외로운 길이었지만 하나님은 야곱에게 나타나셔서 아브라함과 이삭에게 주신 언약을 보증하시고 언제나 동행할 것을 약속해 주십니다. 이 동행과 보호하심의 약속은 모든 성도들을 향한 하나님의 약속이기도 합니다. 신실하신 하나님께서는 위로하시고 성령하나님을 보내사 영원토록 함께하도록 하십니다.

주님과의 첫사랑을 잊지 않게 하시고 날마다 구원의 감격을 회복하여 함께하시고 인도하시는 주님을 기억하며 나아가게 하옵소서.

내어드림

이 아이를 위하여 내가 기도하였더니 여호와께서 나의 구하여 기도한 바를 허락하신지라 그러므로 나도 그를 여호와께 드리되 그의 평생을 여호와께 드리나이다 하고 그 아이는 거기서 여호와께 경배하니라 (사무엘상 1장 27,28절)

2021년 어린이 주일을 맞이하여 사랑하는 둘째 아이가 유아세례를 받게 되었습니다. 유아세례 문답 청원서를 보면 '이 아기는 하나님께서 맡겨주신 자녀로 확신하는가?'라는 질문이 있습니다. 어찌 보면 쉽게 대답 할 수 있는 것이지만 우리 가정에 위탁하셨다는 사실과 주님께 아이를 온전히 맡겨야 한다는 것을 깊이 생각해보면 적어도 저에게는 그리 쉬운 대답은 아니었습니다.

대단한 물건이 아니라도 잠시 자리를 비우고 누군가에게 맡길 때 그 사람을 믿어야 맡길 수 있는데 눈에 넣어도 안 아플 아이를 온전히 주님께 맡긴다는 게 쉬운 일은 아니라는 생각이 들었기 때문입니다.

저 역시 부모님의 신앙고백으로 빛바랜 사진 속 유아세례의 시간을 거쳐 중학교 시절 하나님과의 인격적 만남의 시간까지 부모님의 신앙의 고백과 기도가 있었기에 하나님의 보호아래 거할 수 있었다는 감사의 고백이 흘러나왔습니다. 사랑하는 아이가 저의 신앙고백과 성경적으로 키울 것을 교회 앞에 서약하며 유아세례를 받게 되면 이 아이가 장성하여 하나님을 인격적으로 경험하는 시간까지 부모의 기도의 힘으로 주님의 은혜를 공급받게 될 것이라는 생각에 가슴 한켠에 벅차오르는 감동과 거룩한 부담감이 생겼습니다.

제가 만난 하나님께서는 결국 사랑과 인자하심으로 가장 좋은 것으로 역사하시며 합력하여 선을 이루시는 하나님을 인격적으로 경험하였기에 훗날 이 아이를 통한 최고의 길을 예비하셨고 이루실 것을 믿음으로 고백하며 염려보다는 주님께 맡기며 기도하는 것이 지혜로운 부모의 모습임을 믿음으로 고백하게 됩니다.

'누군가의 행동이 눈에 거슬리는 이유는 내 안에 해결되지 못한 결핍의 모습일 수 있다' 는 말처럼 자녀를 양육함에 있어 자신의 의지와 욕심이 아닌 전능하신 하나님께 아이의 앞날을 내어 맡기는 훈련 그리고 온전히 내어드림의 모습이 있을 때에 두려움에서 자유 할 수 있습니다.

하나님께서 각 가정에게 위탁하신 자녀들을 하나님의 뜻대로 이끌어 가심을 믿으며 온전히 내어드림으로 풍성한 은혜로 자유를 누리게 하옵소서.

아버지의 뒷모습

의인의 아비는 크게 즐거울 것이요 지혜로운 자식을 낳은 자는 그로 말미암아 즐거울 것이니라 네 부모를 즐겁게 하며 너를 낳은 어미를 기쁘게 하라
(잠언 23장 24,25절)

 저에겐 마치 사진처럼 기억에 남는 어린시절의 장면이 몇 개 있습니다. 그 중 하나는 할머니 댁에 가는 길에 아버지께서 주유소를 들르시면 "이젠 차가 배불러서 잘 가겠어요"라고 이야기 했던 어린 제 모습입니다. 운전대를 잡으신 아버지를 믿었기에 긴 시간을 걱정 없이 잠을 청했던 어린 시절의 나는 참 행복했음을 새삼 느낍니다.

 몇 달 전 지하철 역 앞에서 아버지를 픽업하여 학교로 가고자 약속을 했습니다. 비상등을 켜놓고 기다리고 있는데 무릎이 좋지 않아 천천히 걸어오시는 아버지를 보며 저도 모르게 차의 창문을 열고 "빨리 오세요!"라고 소리를 질렀습니다.

 수업을 마치고 역까지 모셔다 드리는데 차에서 내려 지하철 승강기가 있는 곳까지 걸어가시는 아버지의 뒷모습을 뒷차의 경적소리에도 아랑곳 하지 않고 오랜 시간 바라보게 되었습니다.

처진 어깨   절뚝거리는 걸음   낡은 가방.

 어릴적 아버지는 늘 제 걸음에 맞춰 함께 해주셨고 자존감을 잃지 않도록 격려하시면서도 자만에 빠지지 않게 채찍질 해주셨던 참 크고 강한 분이셨는데, 나이든 아버지의 뒷모습은 작고 약해 보였습니다. 누군가의 뒷모습이 보이면 그것은 그 사람의 사랑을 깨닫게 된 것이라고 하는데 아버지의 뒷모습을 보며 아버지의 사랑을 깨닫고 저도 아버지가 되었음을 실감하게 되었습니다.

 이십여 년 전 송구영신 예배에 많은 성도들의 통성기도소리를 뚫고 스피커에서 흐르는 저의 이름을 부르며 기도하셨던 모습이 새겨져 사랑하는 두 아들을 위해서 기도하게 되었고 비교적 늦게 걷고 늦게 말을 했던 저를 기다려주셨기에 많이 느린 아이를 기다리며 기도 할 수 있었습니다. 아버지의 동기 목사님들이 "아들이 잘 컸네"라고 칭찬하셨을 때 뿌듯해하시는 아버지를 보며 나를 닮은 아이가 나보다 더 크게 쓰임받기를 기도합니다.

 지난 2020년 겨울. 20년간 근무하신 학교에서의 은퇴식에 가족대표로 참석하여 은퇴 하시는 아버지를 박수로 격려하며 하나님 주신 사명을 잘 감당하고 하나님께 인정받고 자녀들에게 인정받는 제가 되길 기도하였습니다.

그렇게 사랑하는 아버지의 뒷모습을 보며 서툴지만 그 걸음을 따라갑니다.

하나님께서 허락하신 부모님을 진정으로 기쁘게 해 드리는 마음을 주시고 신앙의 유산이 계속해서 이어지도록 주님이 세우시고 함께하시는 믿음의 가정이 되게 하소서.

영혼의 건강

네 갈 길을 주님께 맡기고 주님만 의지하여라. 주님께서 이루어 주실 것이다.
(시편 37편 5절, 새번역)

 둘째 아이가 8개월쯤 되었을 무렵 고열로 힘들어했습니다. 해열제를 먹으면 체온이 좀 내려갔기에 '괜찮겠지..' 라는 생각으로 하루 이틀 시간을 보냈지만 해열제로는 더 이상 열이 떨어지지 않아 입원을 하게 되었습니다. 어린아이의 손에 바늘을 꽂고 링거를 맞고 있는 아이를 보며 안타까운 마음이 들었습니다.

 의사선생님께서는 여러 가지 검사를 하겠다고 하시며 금식을 하게하고 아이 몸의 몇 배나 되는 검사기계를 통하여 원인을 찾고자 하는 모습을 보며 마음이 아려왔습니다. 그러나 확실한 것은 어린아이의 손과 발에 커다린 주시바늘을 꽂고 항생제를 부여하는 안타까움보다 제대로 된 검사를 통하여 원인을 파악하고 그에 맞는 치료를 하는 것이 얼마나 중요한지를 알기에 보채는 아이를 달래가며 검사를 받게 하였습니다.

 육신의 질병을 고치기 위하여 갖가지 검사를 하는 것처럼 우리의 영적건강을 위하여도 점검이 필요합니다. 우리는 스스로를 생각하기에 이정도면 되었다고, 나름대로 괜찮다고, 그럴 듯하다고 생각하지만 내가 주인 되는 삶에는 한계가 있습니다. 그렇기에 육신의 건강을 위하여 점검하듯 나의 영적 건강을 위하여 믿음이 어떠한지를 점검해야 합니다.

 다윗이 노년기에 쓴 시편 37편에서 하나님의 소원을 이루는 자가 되기 위한 비결을 이야기 합니다. 그것은 하나님께 맡기고 주님께 시선을 두고 주님의 일하심을 잠잠히 기다리는 것입니다. 내가 할 수 있는 부지런함을 가지고 최선의 노력과 성실함으로 살아갔다면 그 이후의 모든 것들은 주님께 시선을 두고 모든 걱정과 근심을 내려놓고 주님을 의지한다면 주님께서는 이루어주실 것입니다.

피터 스카지로 목사님은 『정서적으로 건강한 제자』라는 책에서 영적으로 건강한 삶은 분주한 삶의 속도를 낮춰 '예수님과 함께 하는' 시간을 늘리고 삶의 표면을 깊숙이 살피므로 '예수님에 의해' 변화된 삶으로 세상에 '예수님을 위해' 자신을 선물로 내어주는 것이라고 이야기 합니다.

 예수님과 함께 하는 시간을 통해 내 영혼의 상태를 바로 점검할 수 있습니다. 하나님의 말씀은 우리의 영적상태를 제대로 파악하게 하실 뿐 아니라 회복시키는 큰 능력이 있습니다.

 날마다 주님과 함께하는 시간을 통하여 나의 영적 상태를 제대로 점검하게 하시고 능력 있는 주님의 말씀으로 회복되어 변화된 삶을 살아가게 하옵소서.

빠이빠이의 의미

이와 같이 성령도 우리의 연약함을 도우시나니 우리는 마땅히 기도할 바를 알지 못하나 오직 성령이 말할 수 없는 탄식으로 우리를 위하여 친히 간구하시느니라 (로마서 8장 26절)

둘째 아이가 점점 감정을 잘 표현하고 손의 움직임이 발달하면서 제가 출근을 할 때마다 손을 저으며 인사를 합니다. 그 모습이 사랑스러워 큰소리로 웃으면 자기도 좋은지 따라서 웃습니다.

그런데 현관문을 열고 나가고 문이 닫히면 빠이빠이 하며 손을 흔들며 웃던 아이의 웃음소리는 금세 울음소리로 변합니다. 방금 전까지만 해도 제 앞에서 나를 보며 웃어주던 아빠가 눈앞에서 사라져서 그런가봅니다.

현관문 뒤로 들리는 아이의 울음소리를 들으면 더 함께 있어주지 못하는 미안함에 발걸음이 무겁습니다.

빠이빠이를 하면 아빠가 나가는 것을 알면서도 고사리 같은 손을 흔들며 빠이빠이를 합니다. 아이에게 빠이빠이의 의미는 기쁘게 웃다가 이내 눈앞에 사라진 아빠로 인해 눈물 흘리는 것이지만 제게 아이의 빠이빠이는 계속해서 성장하고 발달하고 있고 감정을 솔직히 표현한다는 것이기에 그 자체로 행복입니다. 훗날 시간이 지나면 지금을 그리워 할 것 같아 그 모습을 핸드폰에 동영상으로 담습니다.

 신앙생활에도 죄로 인한 본질적인 연약함으로 흔들릴 때가 있습니다. 어려운 상황이 겪을 때 하나님을 의심하고 하나님이 안 계시다는 생각에 낙심을 하곤 합니다. 분명 함께하시고 사랑하신다고 하셨는데 변하지 않는 상황이 길어지면 고통과 눈물의 길을 간다는 생각이 들기도 합니다.

 어려움 가운데 어떻게 기도해야할지 모르는 연약한 우리이지만 성령은 늘 그 자리에 계셨으며 우리를 도우십니다. '돕다' 라는 말은 '상대편을 붙들어 주다'는 의미를 가진 단어입니다. 예수님은 우리의 아픔을 아시고 붙드심으로 믿음의 길을 걸어가게 하시고 미침내 승리케 하십니다.

 우리의 연약함을 아시는 하나님께 힘들 땐 힘들다고, 슬플 땐 슬프다고 있는 모습 그대로 낱낱이 아뢰고 모든 것의 주관자 되신 주님과 은혜의 동행을 하시길 바랍니다.

 연약하여 두려움이 몰려올 때마다 흔들리는 우리들을
성령께서 붙들어 주시사 믿음의 여정가운데 동행하심
으로 기쁨으로 나아가게 하옵소서.

걱정 버리기

여호와의 인자와 긍휼이 무궁하시므로 우리가 진멸되지 아니함이니이다 이것들이 아침마다 새로우니 주의 성실하심이 크시도소이다 (예레미야애가 3장 22,23절)

 여름휴가를 맞이하여 사랑하는 가족들과 많은 시간을 보낼 수 있었습니다. 하루 종일 함께 시간을 보내보니 예안이가 침대나 방바닥에 빠져버린 머리카락을 보면 손으로 집어서 자기 머리에 올려놓는 재밌는 모습을 발견하게 되었습니다. 심지어 자기 머리카락도 아닌데 말이죠. 저는 예안이에게 이건 이미 빠져서 올려놓아도 붙지 않는다고 잘 타일렀습니다.

 저는 우스꽝스러운 모습을 보면서 이런 묵상을 해보았습니다. 우리는 우리에게 펼쳐진 문제 앞에서 나름의 해결책을 가지고 해결하려고 노력합니다. 그런데 이미 빠져버린 머리카락을 자신의 머리위에 올려놓는다고 머리가 심겨지는 것이 아닌데 계속 올려놓는 아이처럼 이미 지나간 나쁜 일들을 겪으며 들었던 마음들을 곱씹고 심지어 다른 이들의 걱정까지도 할 뿐 아니라 일어나지도 않은 일들, 일어나기도 힘든 일들을 미리 걱정하기도 합니다. 더 큰 문제는 그러한 걱정들은 꼬리에 꼬리를 물어 자신의 영육의 건강을 피폐하게 한다는 것입니다. 그러나 문제를 두고 걱정하는 것은 인간의 자연스러운 감정이기보다는 나쁜 습관입니다.

 로잔운동 명예총재이신 버드셀 교수님의 리더십 수업을 들을 일이 있었는데 제가 이런 질문을 드렸습니다.

"세계 여러 나라의 사람들과 동역 하실 때 서로의 생각과 가치관이 다른데 그로인한 갈등을 어떻게 해결하셨나요?"

 그때 교수님은 이렇게 말씀하셨습니다.

"갈등이 생기고 극심한 스트레스를 받을 때가 있습니다. 그런 날에는 조금 일찍 잠을 청합니다. 그리고 잠자리에 들기 전에 하나님께 기도를 합니다."

 그 기도의 내용은 이러했습니다.

"하나님은 졸지도 주무시지도 않는 분이니 주님께 맡깁니다. 저는 눈을 감고 잠자리에 들테니 주님이 일하여 주세요!"

 버드셀 교수님의 이야기에 많은 사람들이 웃음을 터뜨렸고 정말 좋은 방법이라고 생각을 하게 되었습니다. 걱정을 버리기 위하여 걱정거리를 바라보는 시각을 바꾸는 것이 얼마나 중요한 것인지 내가 무엇을 해결하기보다는 주님께 온전히 맡기고 주님이 주시는 지혜와 마음으로 해결점을 찾는 것이 가장 현명한 태도임을 깨닫게 되었습니다.

 하나님이 어떤 분이신지를 알았던 예레미야 선지자는 어두운 현실 속에서 이렇게 부르짖습니다.
하나님의 신실한 사랑은 다함이 없고 그분의 자애로운 사랑은 마르는 법이 없다. 그 사랑은 아침마다 다시 새롭게 창조된다. 주의 신실하심이 어찌 그리 크신지! 나 하나님을 붙들리라 그분은 내가 가진 전부이다.(애 3:22-24, 새번역)

 아무리 어려운 상황 속에서도 하나님이 어떤 분이시고 그분과 나의 관계가 어떠한지를 고백하는 것은 우리의 믿음을 견고하게 합니다.

끝없는 주님의 사랑과 깊고 넓은 주님의 마음으로 지금도 우리를 이끌어 가심을 고백합니다. 신실한 주님의 약속을 붙들고 날마다 승리의 삶을 살게 하옵소서.

주는 기쁨

범사에 여러분에게 모본을 보여준 바와 같이 수고하여 약한 사람들을 돕고 또 주 예수께서 친히 말씀하신 바 주는 것이 받는 것보다 복이 있다 하심을 기억하여야 할지니라 (사도행전 20장 35절)

 둘째 아이 필립이가 자신이 원하는 것을 가리키는 포인팅(가리키기)을 하기 시작하면서 마트에 가면 아이가 자신이 원하는 것들을 하나씩 사주곤 합니다. 지난주엔 롯데월드 내에 있는 문구센터를 갔는데 아니나 다를까 유모차에 앉아서 눈앞에 보이는 재미있는 문구류를 보면서 이리저리 포인팅을 합니다. 그런데 눈앞에서 재미있는 광경이 펼쳐졌습니다.

 예안이가 어릴 때에는 포인팅도 안되었고 명절에 할아버지께서 용돈을 주시면 가지고 싶은 장난감을 뭐든 사주려고 해도 늘 똑같이 뽀로로에 나오는 포비 봉제 인형에만 집착해서 안타까운 마음이 있었는데 포인팅을 하며 소리를 내는 동생을 보면서 필립이가 가리키는 것들을 하나둘씩 가지고 와서 필립이의 품에 안겨 주었습니다. 기특하기도 하고 재밌기도 해서 어떤 것들을 가져오나 내버려두니 잠자리채, 소리 나는 닭, 선인장 모형, 닭다리 인형, 움직이는 고양이 장난감들이었습니다. 필립이는 형이 포인팅 하는 것마다 가져다주니 좋아하고 예안이도 뿌듯해합니다.

 이런 모습을 지켜보는 제 마음도 흐뭇해서 필요없어 보이지만(?) 형제의 우애의 상징이라 생각되어 선뜻 잠자리채와 몇 가지 고양이 장난감을 결제하였고 이날은 예안이와 필립이 그리고 우리부부에게 소소한 행복의 날이 되었습니다. 저는 예안이의 모습을 보며 이런 묵상을 해보았습니다.

 사도 바울이 사랑과 관심이 많았던 에베소 교회를 위한 고별설교에서 '주는 것이 받는 것보다 복이 있다'는 말을 전합니다. 사도 바울은 희생과 섬김을 통하여 예수님의 발자취를 따라갈 수 있음을 이야기하며 사도 바울 본인이 사심 없이 육신의 아픔과 고통 영적 갈급함 가운데 있는 이들을 섬기고 사랑했던 삶을 돌아보며 하나님과 사람들에게 큰 칭찬과 복을 누렸음을 근거로 한 자서전적 이야기를 합니다. 그리고 이 말씀은 한 알의 밀알로 오셔서 구원을 이루신 예수님께서 공생애 기간 동안의 삶을 이야기하는 말씀이기도 합니다. 하나님의 주신 축복과 은혜를 전달하는 축복의 도구로 귀하게 쓰임 받으시길 바랍니다.

주는 것이 받는 것보다 복되다 하신 하나님의 말씀을 기억하며 섬김과 나눔의 참 기쁨을 알게 하시고, 축복의 통로로 쓰임 받게 하옵소서.

파이팅 아멘!

내가 지혜로운 길을 네게 가르쳤으며 정직한 길로 너를 인도하였은즉 다닐 때에 네 걸음이 곤고하지 아니하겠고 달려갈 때에 실족하지 아니하리라
(잠언 4장 11,12절)

며칠 전 예안이와 사랑부에서 보내준 온라인 예배를 함께 드리게 되었습니다. 뜨겁게 말씀을 전하는 전도사님의 설교를 들으며 '아멘'을 하는 타이밍에 예안이가 어떻게 하나 유심히 관찰하였습니다. 본인의 의사표현을 몇 안 되는 몸짓으로 하는 아이이기에 더욱 궁금했습니다.

사랑부 전도사님께서 '나를 사랑하시는 하나님 바라보면 절망하지 않습니다.' '하나님을 바라봅시다'라고 설교를 하시니 '아멘' 하는 타이밍에 두 손을 꼭 쥐고 '파이팅'할 때 하는 몸짓을 하는 것을 발견하였습니다. 우연인가 싶으시 "예안아 아멘!" 이라고 하니 또 파이팅 할 때의 몸짓으로 표현을 합니다. 아멘을 표현하는 작은 몸짓 하나가 아빠인 저에게는 큰 위로와 힘이 되었습니다. '세상에 많은 어려움과 고난이 있겠지만 하나님의 말씀대로 힘내서 살아가요' 라는 음성으로 들렸기 때문입니다.

내가 지혜로운 길을 네게 가르쳤으며 정직한 길로 너를 인도하였은즉 다닐 때에 네 걸음이 곤고하지 아니하겠고 달려갈 때에

실족하지 아니하리라 (잠 4:11,12)

 우리의 인생을 길을 걸어가는 것으로 묘사할 때가 많습니다. 인생에 있어 여러 가지 일들을 만나고 그에 따른 선택을 하며 살아갑니다. 잠언 4장에서 아비는 사랑하는 자녀에게 훈계합니다. '내가 지혜로운 길을 가르치고 정직한 길로 너를 인도하였기에 네 걸음은 곤고치 아니하고 달려갈 때에 실족하지 않는다'는 것입니다. 이는 세상의 많은 선택의 순간들 앞에서 하나님을 사랑하고 두려워하는 것이 지혜로운 삶이며 그 길은 하나님이 인도하시는 진리의 교훈이기 때문에 축복과 유익을 얻는 복된 길임을 교훈합니다.

 결국 삶의 여정 속 지혜로운 선택은 하나님의 말씀대로 살아가는 것입니다. 고난과 위기를 믿음의 디딤돌로 삶을 수 있는 힘은 하나님의 말씀을 온전히 믿고 그 뜻대로 살아가려는 노력으로 가능한 것입니다. 우리의 계획과 경험 그리고 지식을 뛰어넘는 하나님의 말씀을 붙들고 옷깃을 여미고 주님께 시선을 두어 우리를 위해 예비하신 복된 삶, '파이팅 아멘'의 삶을 살아가시길 바랍니다.

어둡고 막막한 인생길을 걸어가는 것 같은 상황처럼 느껴질 때에도 주님 뜻대로 인도하고 계심을 의심치 않게 하시고 담대하게 믿음의 걸음을 내딛게 하옵소서.

담다 그리고 닮아가다

지은이 김부림
그린이 박소연

디자인 박진희
편집 정세나
교열 손귀숙

1판 1쇄 발행 2021년 11월 25일

펴낸이 조정애
펴낸곳 푸른기획
등록일 2021년 10월 19일 (등록번호 제2021-000132호)
주소 서울 중구 필동로 18 원일B/D 504호
전화 02.2207.2188
메일 prpr98@naver.com

ISBN 979-11-976683-0-2

값은 뒤표지에 있습니다.
저자와 협의하여 인지를 생략합니다.
저자와 출판사의 허락 없이 내용의 전부 또는 일부를 인용, 발췌하는 것을 금합니다.
잘못 만들어진 책은 구입하신 곳에서 교환해드립니다.